캐릭터 소개

루비 ♥

13세. 옐로문 학교에 다니는 학생이에요. 어떤 도전도 두려워하지 않는 명랑하고 씩씩한 소녀랍니다. 우연히 얻은 마법의 스케치북 덕분에 변신 능력이 생기지요. 스케치북에 덤으로 따라온 꼬마왕자와 함께 마을에서 벌어지는 사건들을 해결해요.

소피 ♥

19세. 루비가 변신한 모습이에요. 다양한 직업을 가진 사람으로 변신할 수 있어요. 늘 새로운 직업에 대한 지식으로 무장해서 문제를 척척 해결하는 능력자랍니다. 악당들이 아무리 방해해도 오늘의 미션은 반드시 완수해요.

스피넬 왕자

17세. 멀구나 왕국의 왕자이자 꼬마왕자의 원래 모습이에요. 심술 맞은 성격 때문에 마법사 샤드의 마법에 걸려 꼬마왕자로 변했어요. 미션을 위해 다양한 직업을 가진 사람으로 변신하는 동안에는 원래 모습을 되찾을 수 있어요.

꼬마왕자 ♥

스피넬 왕자가 마법에 걸린 모습이에요. 욕심 많은 마법사 샤드가 스피넬 왕자를 꼬마로 만들어 마법의 스케치북 안에 가두었는데, 그 스케치북을 루비가 발견했어요. 둘은 티격태격 다투며 함께 살지요.

소원요정 ♥

소원 수첩의 요정이에요. 루비와 꼬마왕자에게 그날의 미션을 전달해 주지요. 수첩처럼 생겼지만 사람보다 더 감수성이 풍부하답니다. 소원 수첩 안에 미션 클리어 스탬프를 모두 모으면 스피넬 왕자가 원래의 모습을 되찾을 수 있어요.

아띠 ♥

13세. 옐로문 학교에 다니는 학생이에요. 루비의 소중한 친구랍니다. 그림 그리기와 만들기를 좋아하는 꼬마 예술가예요. '뚜뚜'라는 작은 목각 인형을 친구처럼 아끼지요. 비비와 함께 루비의 비밀을 알게 된 뒤 변신 능력이 생겨요.

비비 ♥

13세. 옐로문 학교에 다니는 학생이에요. 아띠와 함께 루비의 소중한 친구이지요. 셀카 찍기와 액세서리를 좋아하는 깜찍한 소녀랍니다. 아띠와 함께 루비의 비밀을 알게 된 뒤 변신 능력을 지니게 돼요.

호크아이, 코랄 ♥

이란성 쌍둥이 남매로, 마법사 샤드의 제자예요. 먹고살기 위해서 샤드가 시키는 나쁜 일들을 덥석 맡지만, 어딘가 엉성해서 하는 일마다 실패해요. 심지어 샤드가 월급을 주지 않는 바람에 아르바이트까지 해야 하는 형편이랍니다.

샤드 ♥

멀구나 왕국의 마법사예요. 처음엔 스피넬 왕자의 교육을 맡아 가르쳤지만, 왕이 되고 싶은 욕심에 왕자를 마법의 스케치북에 가둬 버렸지요. 그런데 왕자가 다시 세상에 나오자, 호크아이와 코랄을 시켜 왕자의 미션 완수를 방해한답니다.

차례

직업이란? ··· 06

그린 치료하고 돌보는 것을 좋아해요! ···················· 07
    나무 의사 • 08 / 수의사 • 10 / 야생 동물 재활 치료사 • 12
    아쿠아리스트 • 14 / 응급 구조사 • 16 / 의사 • 18 / 물리 치료사 • 20
    간병인 • 22 / 간호사 • 24 / 약사 • 26 / 임상 병리사 • 28
    메디컬 일러스트레이터 • 30 / 방사선사 • 32 / 음악 치료사 • 34
    비슷한 직업을 더 소개할게요 • 36

레드 새롭게 만들어 내는 것을 좋아해요! ················· 37
    슈가 크래프터 • 38 / 목수 • 40 / 외식 사업 컨설턴트 • 42 / 사진작가 • 44
    꽃 차 마이스터 • 46 / 메이크업 아티스트 • 48 / 불꽃 연출가 • 50
    동화 작가 • 52 / 공연 기획자 • 54 / 요리사 • 56 / 작곡가 • 58
    출판물 기획 전문가 • 60 / 파티시에 • 62 / 프로게이머 • 64 / 가수 • 66
    패션 디자이너 • 68 / 방송 연출가 • 70 / 배우 • 72 / 플로리스트 • 74
    웹툰 작가 • 76 / 애플리케이션 엔지니어 • 78 / 네일 아티스트 • 80
    헤어 디자이너 • 82 / 광고 기획자 • 84 / 건축가 • 86
    비슷한 직업을 더 소개할게요 • 88

블루 올바로 판단하고 지키는 것을 좋아해요! ············· 89
    변호사 • 90 / 보석 감정사 • 92 / 경호원 • 94 / 요리 평론가 • 96
    경찰관 • 98 / 변리사 • 100 / 노무사 • 102 / 판사 • 104 / 검사 • 106
    범죄 과학 수사관 • 108 / 사설탐정 • 110
    비슷한 직업을 더 소개할게요 • 112

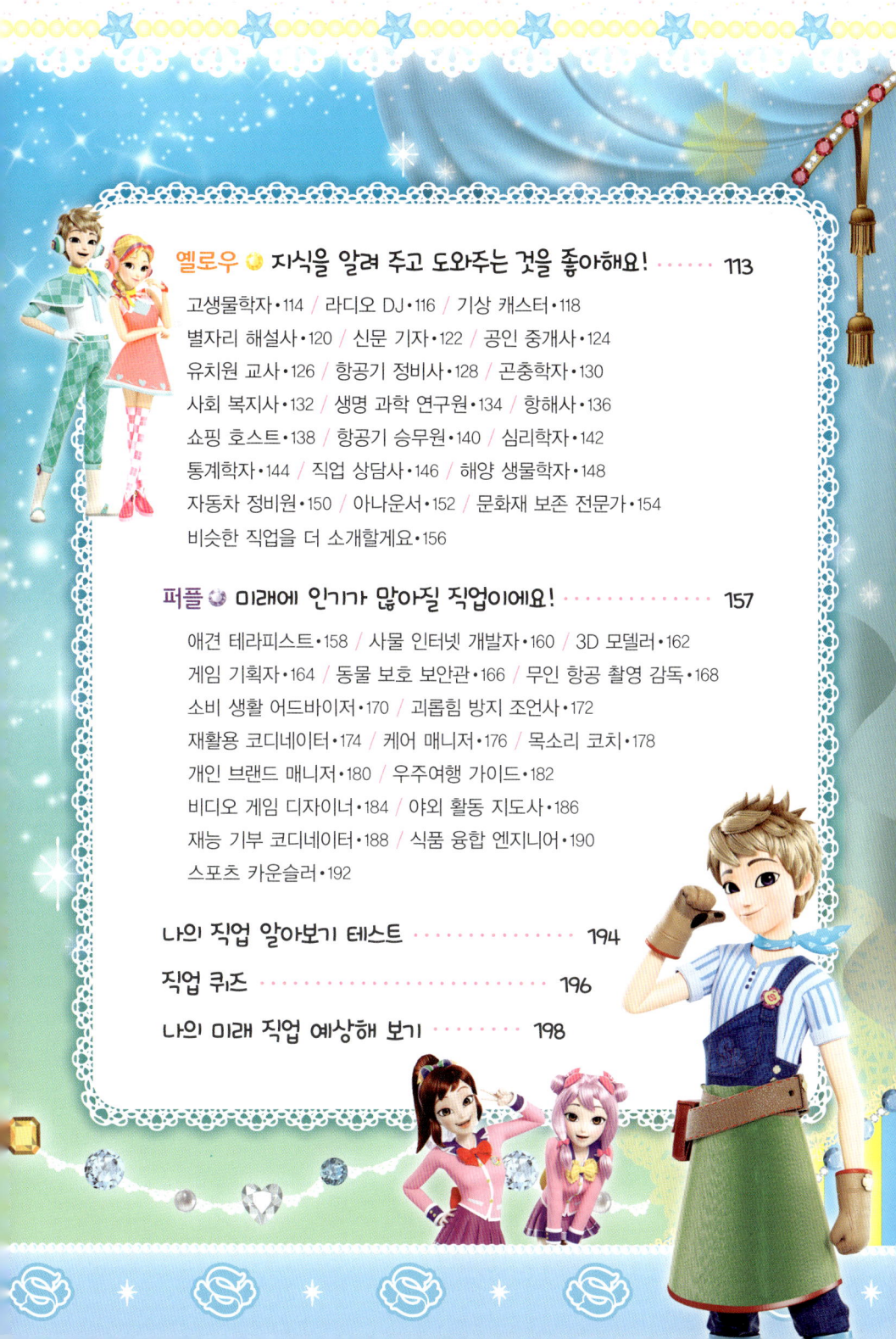

옐로우 ● 지식을 알려 주고 도와주는 것을 좋아해요! ······ 113

고생물학자·114 / 라디오 DJ·116 / 기상 캐스터·118
별자리 해설사·120 / 신문 기자·122 / 공인 중개사·124
유치원 교사·126 / 항공기 정비사·128 / 곤충학자·130
사회 복지사·132 / 생명 과학 연구원·134 / 항해사·136
쇼핑 호스트·138 / 항공기 승무원·140 / 심리학자·142
통계학자·144 / 직업 상담사·146 / 해양 생물학자·148
자동차 정비원·150 / 아나운서·152 / 문화재 보존 전문가·154
비슷한 직업을 더 소개할게요·156

퍼플 ● 미래에 인기가 많아질 직업이에요! ······ 157

애견 테라피스트·158 / 사물 인터넷 개발자·160 / 3D 모델러·162
게임 기획자·164 / 동물 보호 보안관·166 / 무인 항공 촬영 감독·168
소비 생활 어드바이저·170 / 괴롭힘 방지 조언사·172
재활용 코디네이터·174 / 케어 매니저·176 / 목소리 코치·178
개인 브랜드 매니저·180 / 우주여행 가이드·182
비디오 게임 디자이너·184 / 야외 활동 지도사·186
재능 기부 코디네이터·188 / 식품 융합 엔지니어·190
스포츠 카운슬러·192

나의 직업 알아보기 테스트 ······ 194

직업 퀴즈 ······ 196

나의 미래 직업 예상해 보기 ······ 198

직업이란?

　우리는 어른이 되면 직업을 가지게 돼요. 일을 한 대가로 돈을 받고, 일정한 기간 동안 계속하는 일을 직업이라고 한답니다.

　직업의 종류는 굉장히 다양해요. 학교에서 학생들을 가르치는 선생님, 불이 나면 소방차를 몰고 가서 불을 꺼 주는 소방관, 나쁜 범죄자를 잡는 경찰관, 버스를 운전하는 버스 기사 등 셀 수 없을 만큼 많지요.

　기술이 발달하면서 예전에는 있었지만 지금은 없어진 직업도 있어요. 예전에는 버스에 타면 버스비를 걷는 차장이 있었는데 지금은 없어졌지요.

　이와 반대로 예전엔 없던 직업이 새롭게 생겨나기도 해요. 컴퓨터 게임을 하는 일이 직업인 프로게이머, 뿌리에는 감자가 달리고 가지에는 토마토가 열리는 '포마토'처럼 새로운 작물을 만드는 식품 융합 엔지니어 등이 새로 생긴 직업이지요.

　어떤 직업이 더 좋다거나 나쁘다고 할 수는 없어요. 내가 좋아하고 잘할 수 있는 것을 기준으로 직업을 선택하는 것이 중요하답니다.

나무 의사

　나무 의사는 아픈 나무를 돌보고 치료하는 의사예요. 나무가 병에 걸려 아프면 어떤 병인지 진단하고 알맞은 방법으로 치료하지요. 병들어 썩은 곳을 잘라 내거나, 껍질에 핀 곰팡이를 긁어내는 수술을 하기도 하고, 영양 주사를 놓아 주기도 한답니다. 또 해충이 나무에 피해를 입히지 못하게 막고, 나무가 전염병에 걸리지 않도록 예방하는 일도 해요.

　나무 의사는 공원이나 과수원의 나무뿐만 아니라 길가에 서 있는 나무들도 돌보아요. 나라에서 천연기념물로 정해서 보호하는 나무나 수백 년을 산 나이 많은 나무는 더욱 특별히 돌보지요.

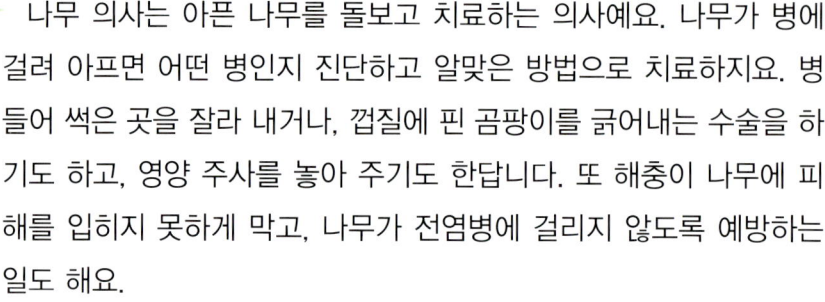

치료하고 돌보는 것을 좋아해요!

나무 의사가 되려면?

나무를 잘 돌보려면 나무에 대해 많이 알아야 해요. 농업에 대해 가르치는 농업 고등학교나 대학의 산림 자원학과, 산림 환경 보호학과 등 산림 관련 학과에 들어가면 나무를 돌보고 고치는 법을 배울 수 있어요. 평소에 산이나 공원의 나무들을 주의 깊게 살펴보는 것도 좋아요.

더 알아보기

비슷한 직업
조경사, 정원 관리사

지금부터 할 수 있는 일
여러 가지 나무의 모양과 특징 익히기

이런 사람에게 어울려요
자연을 사랑하고 꼼꼼한 사람

좋은 점, 힘든 점
좋은 점 : 아픈 나무를 건강하게 만들어 줄 수 있어서 기뻐요.
힘든 점 : 나무가 아픈 원인을 찾기 위해 꼼꼼히 살펴야 해요.

수의사

　수의사는 동물의 건강을 책임지는 사람이에요. 동물이 병에 걸리면 진찰해서 병의 원인을 알아내고 치료해 주지요. 새끼를 낳는 것을 돕기도 하고, 다치면 수술을 하기도 해요.

　아픈 동물은 예민해져서 다가가면 으르렁거리며 위협하는 일이 많아요. 그럴 때 수의사는 동물에게 용기 있게 다가가 어디가 아픈지 진찰하고 고쳐 줄 수 있어야 해요. 그 밖에도 수의사는 동물이 전염병에 걸리지 않도록 예방 주사를 놓아 주기도 하고, 지내는 곳이 깨끗한지도 살핀답니다. 우리가 먹는 고기, 우유, 달걀 같은 축산물이 안전한지 검사하는 것도 수의사가 하는 일 가운데 하나예요.

치료하고 돌보는 것을 좋아해요!

그린

수의사가 되려면?

대학에서 수의학을 전공하고, 수의사 국가시험에 합격하면 수의사가 될 수 있어요. 수의사가 되면 목장이나 동물 병원, 동물원에서 동물을 돌볼 수 있고, 연구소나 공공 기관에서 연구 활동을 할 수도 있어요. 수의사가 되기 위해서는 무엇보다도 동물을 사랑하고 아끼는 마음을 가지는 것이 가장 중요하답니다.

더 알아보기

비슷한 직업
의사, 동물 간호사

지금부터 할 수 있는 일
주변의 동물들 보살피기

이런 사람에게 어울려요
동물을 좋아하고 책임감이 뛰어난 사람

좋은 점, 힘든 점
좋은 점 : 아픈 동물이 치료를 받은 후 건강해졌을 때 기뻐요.
힘든 점 : 말 못하는 동물을 치료하는 것이라 주의가 필요해요.

야생 동물 재활 치료사

　야생 동물은 산이나 들에서 태어나서 자라는 동물을 말해요. 재활 치료는 다친 몸을 회복해서 다시 평소처럼 생활할 수 있도록 치료하는 것을 뜻하지요. 야생 동물 재활 치료사는 다친 야생 동물을 구해 다친 부위를 적절히 치료하고, 재활 훈련을 시켜 다시 자연으로 돌려보내는 사람이랍니다. 만약에 다친 새를 발견했다면 잘 치료한 다음, 건강해지면 다시 밖으로 내보내 하늘을 나는 훈련을 시키지요. 요즘에는 자연환경이 파괴되면서 죽거나 다치는 야생 동물이 많아졌어요. 그래서 야생 동물 재활 치료사의 도움을 필요로 하는 곳이 점차 늘어나고 있답니다.

치료하고 돌보는 것을 좋아해요!

야생 동물 재활 치료사가 되려면?

야생 동물을 잘 보살피려면 야생 동물에 대해 많이 공부해야 하지요. 대학에서 반드시 수의학을 전공해야 하는 것은 아니지만, 동물학과 관련한 전공을 선택하면 도움이 돼요. 야생 동물에 대한 책을 읽거나 야생 동물 구조 센터에서 자원봉사를 하는 것도 좋은 경험이 될 수 있어요.

더 알아보기

비슷한 직업
수의사, 동물 매개 치료사

지금부터 할 수 있는 일
야생 동물에 대한 책 읽기, 동물 보살피기

이런 사람에게 어울려요
동물을 좋아하고 관찰력이 좋은 사람

좋은 점, 힘든 점
좋은 점 : 다친 야생 동물을 치료해 자연으로 돌려보내면 뿌듯해요.
힘든 점 : 야생 동물을 구할 때 위험한 상황이 생길 수도 있어요.

아쿠아리스트

아쿠아리스트는 커다란 수족관에 사는 생물을 관리하고 돌보는 사람이에요.★ 수족관의 물을 늘 깨끗하게 관리하고, 물속 환경을 최대한 자연 상태와 비슷하게 만들어 물에 사는 생물이 건강하게 살 수 있도록 돌보지요. 아쿠아리스트는 물고기의 먹이를 준비해서 나누어 주기도 하고, 수달 같은 수중 동물이 새끼를 낳아 기르도록 도와주기도 해요. 또 직접 물속에 들어가 물개나 돌고래 같은 동물과 공연을 진행하기도 하지요. 그 밖에도 아쿠아리스트는 관람객이 즐거워할 만한 전시회를 계획하기도 하고, 다양한 수중 생물을 소개하는 글을 쓰기도 해요.

★ 아쿠아리스트(aquarist)는 영어로 수족관 관리자, 또는 수중 생물 전문가를 뜻하는 말이에요.

치료하고 돌보는 것을 좋아해요!

아쿠아리스트가 되려면?

수중 생물에 대한 지식이 풍부해야 해요. 대학에서 수산학이나 생물학, 해양 생물학 같은 전공을 하는 것이 유리하지요. 스쿠버 다이빙 자격증이나 수산양식 기사, 어병 기사 등 수산·해양 관련 자격증을 따면 취업에 도움이 돼요. 수족관에서 다양한 수중 생물을 관찰해 보는 것도 좋아요.

더 알아보기

비슷한 직업
어류 사육사, 동물 조련사

지금부터 할 수 있는 일
수중 생물에 관한 책을 읽으며 종류와 특성 익히기

이런 사람에게 어울려요
수중 생물을 좋아하고 끈기 있는 사람

좋은 점, 힘든 점
좋은 점 : 귀여운 수중 동물이 먼저 다가올 때 기뻐요.
힘든 점 : 사나운 수중 동물에게 공격당하지 않도록 조심해야 해요.

응급 구조사

교통사고가 나서 119에 신고하면 구급차가 달려오지요. 이때 구급차에서 가장 먼저 내려서 환자에게 달려가는 사람이 응급 구조사랍니다. 응급 구조사는 위급한 상황에 처한 사람을 구조하는 사람이에요.

응급 구조사는 위급한 환자가 생겼다는 신고를 받으면 곧바로 현장으로 출동해요. 현장에 도착하면 환자의 상태를 살피고, 필요한 응급 처치를 하지요. 그런 다음 환자를 가까운 병원으로 옮기고 담당 의사에게 환자의 상태를 알려 주어요.

출동하지 않을 때는 구조에 필요한 장비를 꼼꼼히 살피거나 환자의 응급 처치에 사용되는 의료 용품을 확인하고, 구급차에 고장 난 곳이 없는지 점검하는 일도 하지요.

치료하고 돌보는 것을 좋아해요!

응급 구조사가 되려면?

위급한 상황에서 사람의 생명을 구하기 위해서는 전문적인 지식과 기술이 필요하기 때문에 대학에서 응급 구조학을 전공하는 것이 좋아요. 응급 구조사 국가 자격증을 따면 소방서나 병원에서 응급 구조사로 활동할 수 있답니다. 위험한 환경에서 구조 활동을 해야 할 때가 많으므로 어떤 상황이든 빠르게 대처할 수 있는 판단력과 순발력이 필요하지요.

더 알아보기

비슷한 직업
인명 구조 요원, 소방관

지금부터 할 수 있는 일
간단한 응급 처치 방법 배우기

이런 사람에게 어울려요
봉사 정신이 강하고 책임감 있는 사람

좋은 점, 힘든 점
좋은 점 : 위험한 상태였던 환자가 무사히 회복했을 때 뿌듯해요.
힘든 점 : 환자의 상태에 따라 알맞은 응급 처치를 해야 해요.

의사

　우리는 몸이 아플 때 병원에 가지요. 병원에 가면 의사가 진찰해서 병을 치료해 주고 약도 처방해 준답니다.

　의사는 아픈 사람의 병을 고쳐 주는 사람이에요. 여러 가지 검사를 해서 환자가 어떤 병을 앓고 있는지 알아낸 다음, 환자의 상태에 맞는 방법으로 환자를 치료하지요. 주사나 약을 처방하기도 하고, 필요에 따라서는 특수 기술과 장비를 이용해서 수술을 하기도 해요.

　어려운 이웃을 찾아가서 의료 봉사를 하는 의사들도 있어요. 혹시 '국경 없는 의사회'에 대해서 들어 본 적 있나요? '국경 없는 의사회'는 의사의 보살핌이 필요한 곳이라면 전 세계 어디든지 달려가는 의사들의 모임이랍니다.

치료하고 돌보는 것을 좋아해요!

 의사가 되려면?

아픈 사람을 치료하려면 의학 공부를 열심히 해야 하지요. 의학은 사람의 몸을 연구하고 병으로부터 지켜 내는 학문이에요. 의사가 되려면 의과 대학이나 의학 전문 대학원을 졸업하고 의사 국가시험에 합격해야 해요. 다른 직업에 비해 오랜 시간 공부해야 하지만 아픈 사람을 치료하는 보람된 일을 할 수 있답니다.

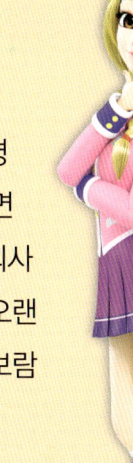

더 알아보기

비슷한 직업
간호사, 치과 의사

지금부터 할 수 있는 일
책을 통해 의사가 하는 일 배우기

이런 사람에게 어울려요
다른 사람을 잘 배려하고 책임감 있는 사람

좋은 점, 힘든 점
좋은 점 : 병을 고쳐서 사람들이 건강하게 생활할 수 있도록 도와요.
힘든 점 : 내 실수가 다른 사람의 생명을 위험하게 할 수 있어요.

물리 치료사

자전거를 타다가 넘어져서 무릎을 다쳤다면, 의사에게 치료를 받은 뒤 물리 치료를 받아야 해요. 물리 치료는 다친 부위를 회복시키고 다치기 전의 몸 상태로 돌아갈 수 있게 도와주는 치료 방법이에요.

물리 치료사는 환자가 몸을 얼마나 움직일 수 있는지 살펴보고 결과를 기록해서 의사에게 전달해요. 의사가 그 기록을 참고해서 치료 방향을 결정하면 물리 치료사는 다양한 물리 치료 방법을 이용해서 환자를 치료하지요.

물리 치료사는 기계를 이용해서 환자의 통증을 줄여 주기도 하고, 아픈 곳을 조금씩 움직여 운동하는 방법을 가르쳐 주기도 해요. 환자의 상태에 따라 적절한 치료 방법을 사용해야 한답니다.

치료하고 돌보는 것을 좋아해요!

물리 치료사가 되려면?

대학의 물리 치료학과를 졸업한 뒤 물리 치료사 국가시험에 합격해야 해요. 물리 치료사가 되면 병원에서 환자를 돌보는 일 외에도 스포츠 선수단의 팀 닥터나 특수 학교의 치료 교사, 요양 보호사 교육 기관의 강사로도 활동할 수 있지요. 몸이 불편한 사람을 치료해야 하기 때문에 봉사 정신이 필요하답니다.

더 알아보기

비슷한 직업
작업 치료사, 요양 보호사

지금부터 할 수 있는 일
아픈 사람을 잘 돌보기

이런 사람에게 어울려요
배려심이 강하고 친절한 사람

좋은 점, 힘든 점
좋은 점 : 환자가 빨리 회복할 수 있도록 도와줄 수 있어요.
힘든 점 : 환자마다 치료법이 다르기 때문에 주의해야 해요.

간병인

　간병인은 환자의 보호자를 대신해서 환자를 돌보는 사람이에요. 병원이나 요양원에 있는 환자가 편하게 생활할 수 있도록 곁에서 보살펴 주지요.

　간병인은 나이가 많거나 몸이 아파서 움직이기 힘든 환자를 목욕시키고, 환자 주변의 환경이 항상 깨끗하도록 병실도 청소해요. 환자가 병실 밖으로 나갈 때는 휠체어를 밀어 주며 함께 다닌답니다. 환자가 안심하고 쉴 수 있도록 믿음을 주고, 외로움을 느낄 때 친구가 되어 주지요. 또 환자가 어떤 음식을 얼마나 먹었는지 기록하고, 열이 나는지, 숨이 가쁜지 등을 살피기도 해요. 환자의 상태를 잘 봐 두었다가 의사에게 자세히 알려 주는 것도 간병인의 일이랍니다.

치료하고 돌보는 것을 좋아해요!

간병인이 되려면?

간병인이 되기 위한 특별한 조건은 없어요. 보통은 여성 인력 개발 센터, 복지 회관 등에서 일정한 기간 동안 교육받으면 간병인으로 일할 수 있지요. 하루 종일 환자를 보살펴야 하기 때문에 몸이 힘든 직업이지만, 환자가 조금씩 나아지는 모습을 보며 보람을 찾을 수 있답니다.

더 알아보기

비슷한 직업
요양 보호사, 산후 도우미

지금부터 할 수 있는 일
몸이 불편한 사람을 배려하고 보살피기

이런 사람에게 어울려요
마음이 따뜻하고 봉사 정신이 강한 사람

좋은 점, 힘든 점
좋은 점 : 움직이기 어려운 환자를 도와줄 수 있어요.
힘든 점 : 환자의 상태가 좋아지도록 많은 노력을 기울여야 해요.

간호사

　간호사는 병원에서 의사를 도와 아픈 사람을 돌보는 사람이에요. 몸이 아파서 병원에 온 환자에게 어디가 아픈지 물어보고 의사에게 안내해 주지요. 또 의사의 지시에 따라 환자에게 주사를 놓아 주기도 하고, 상처에 약을 발라 주기도 해요.

　환자가 입원하면 간호사는 환자를 가까이에서 돌보아 주어요. 몸에 열이 나는지, 다친 부위가 얼마나 회복되었는지 환자의 상태를 살펴서 의사에게 알리기도 하지요. 간호사는 의사가 수술할 때 필요한 기구들을 준비해 주고 옆에서 돕기도 해요.

　간호사는 의사의 진료를 돕고 의사의 처방에 따라 환자를 치료해야 하기 때문에 간호학에 대한 전문 지식을 반드시 갖추어야 해요.

치료하고 돌보는 것을 좋아해요!

간호사가 되려면?

대학에서 간호학을 전공하고 간호사 국가 시험에 합격해야 해요. 간호사가 되면 병원이나 보건소에서 환자를 돌볼 수 있고, 초·중·고등학교의 보건 교사나 의료 기관의 연구원으로 일할 수 있답니다. 아픈 사람을 보살피는 직업이기 때문에 친절한 성격과 따뜻한 마음을 가져야 해요.

더 알아보기

비슷한 직업
간호조무사, 보건 교사

지금부터 할 수 있는 일
아픈 사람을 돌보기

이런 사람에게 어울려요
봉사심이 강하고 섬세한 사람

좋은 점, 힘든 점
좋은 점 : 아픈 사람들을 건강하게 만들어 줘요.
힘든 점 : 많은 환자를 한꺼번에 돌보아야 할 때도 있어요.

약사

'병은 의사에게, 약은 약사에게'라는 말을 들어 보았나요? 이 말은 아프면 병원에 가서 의사에게 진료를 받고, 약사에게 약을 받으라는 말이에요. 의사와 약사의 일이 나누어져 있다는 뜻이지요.

약사는 사람들의 건강을 위해 일하는 약 전문가예요. 법에 따라서 약은 약사나 한약사만 지을 수 있어요. 환자가 의사의 처방전을 받아서 약국에 오면, 약사는 처방전을 보고 약을 짓지요. 그리고 환자에게 약 먹는 방법과 약에 대한 주의 사항을 안내해 주어요.

약사는 약국이나 병원에서 약을 짓기도 하고, 약을 만드는 회사에서 새로운 약을 개발하기도 해요. 또 공공 기관에서 음식이나 화장품에 들어가는 물질이 안전한지 검사하기도 하지요. 약은 사람의 몸에 큰 영향을 미치기 때문에 책임감을 가지고 신중하게 다루어야 해요.

치료하고 돌보는 것을 좋아해요!

약사가 되려면?

전공에 상관없이 대학에서 2학년까지 교육을 받은 다음, 약학 대학 입문 자격시험을 보아야 해요. 그다음 약학과나 제약학과에 입학해서 약에 대한 여러 가지 지식과 약을 짓는 방법을 공부하지요. 졸업한 뒤에는 약사 국가시험에 합격해야 해요. 약사는 환자의 상태를 잘 이해하고 보살펴 줄 수 있어야 한답니다.

더 알아보기

비슷한 직업
한약사, 약학 연구원

지금부터 할 수 있는 일
약국에서 약사가 하는 일 관찰하기

이런 사람에게 어울려요
책임감이 있고 꼼꼼한 사람

좋은 점, 힘든 점
좋은 점 : 약으로 사람들의 병을 고칠 수 있어요.
힘든 점 : 다양한 약의 종류와 효과에 대해 많이 공부해야 해요.

임상 병리사

　우리 몸에서 나오는 여러 가지를 검사하면 우리 몸이 건강한지, 병이 있는지를 알 수 있어요. 임상 병리사는 검사를 통해 환자의 건강 상태를 진단하거나 병을 치료하는 데 도움을 주는 사람이에요.

　임상 병리사는 약물이나 기계를 이용해서 환자의 피와 오줌, 똥, 몸을 이루는 여러 조직, 조직 속의 액체 등을 검사해요. 그리고 이것을 분석해서 병의 원인을 알아내지요. 임상 병리사가 검사 결과를 기록해서 의사에게 전달하면, 의사는 임상 병리사의 기록을 참고해서 환자의 병을 치료해요. 그 밖에도 임상 병리사는 현미경을 보면서 병의 원인이 되는 기생충이나 미생물을 찾아내기도 하고, 환자의 피를 뽑거나 검사에 필요한 약품을 만들기도 한답니다.

치료하고 돌보는 것을 좋아해요!

임상 병리사가 되려면?

대학에서 임상 병리학과를 졸업하고 임상 병리사 국가시험에 합격해야 해요. 다양한 장비와 기구를 사용하기 때문에 여러 가지 기계를 잘 다룰 수 있어야 하지요. 아주 작은 세포나 미생물을 정확하게 관찰해야 하므로 특정한 색을 보지 못하는 색맹이면 안 돼요.

비슷한 직업
방사선사, 의료 장비 기사

지금부터 할 수 있는 일
과학책을 많이 읽고 인체에 대한 지식 쌓기

이런 사람에게 어울려요
꼼꼼하고 관찰력이 뛰어난 사람

좋은 점, 힘든 점
좋은 점 : 의사가 환자를 잘 치료할 수 있도록 도움을 줘요.
힘든 점 : 단조로운 작업에 지루함을 느낄 수도 있어요.

메디컬 일러스트레이터

　메디컬 일러스트레이터는 의학 정보를 그림이나 영상으로 만들어요. ★ 쉽게 말하면 병을 고치는 일에 필요한 정보를 그림으로 표현하는 직업이라고 할 수 있지요.

　메디컬 일러스트레이터는 의학책의 그림을 그리기도 하고, 의료 분야의 광고나 교육에 필요한 동영상을 만들기도 해요. 영화나 드라마를 만들 때 사람 몸에 대한 그림이나 영상 자료가 필요하면 메디컬 일러스트레이터에게 부탁하지요.

　메디컬 일러스트레이터가 만든 자료는 실제와 굉장히 비슷해요. 기술이 발달해서 실제와 거의 똑같이 그릴 수 있답니다. 그래서 의사가 어려운 수술을 하기 전에 미리 연습해 보는 데 쓰이기도 해요.

★ 메디컬(medical)은 영어로 의학을 뜻하고, 일러스트레이터(illustrator)는 삽화가라는 의미예요.

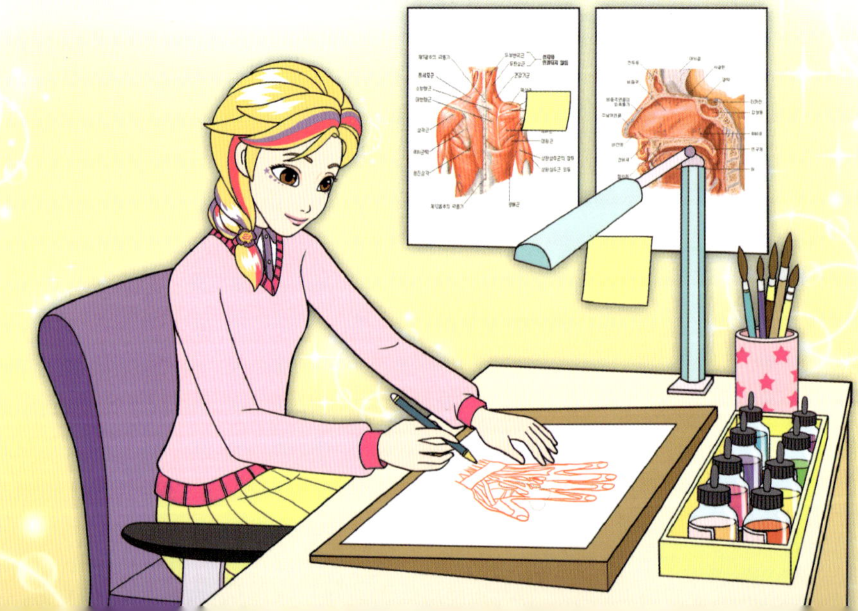

치료하고 돌보는 것을 좋아해요!

메디컬 일러스트레이터가 되려면?

우리나라에는 아직 메디컬 일러스트레이터와 관련한 전문 자격증이나 교육 과정이 없어요. 대학에서 미술이나 사진을 전공하고 생물학, 해부학, 생리학 등을 더 공부하면 좋아요. 다른 나라에서는 사진학, 의료 사진학, 메디컬 일러스트레이션, 그래픽 디자인 분야를 공부한 사람들이 메디컬 일러스트레이터로 활동하고 있어요.

더 알아보기

비슷한 직업
패션 일러스트레이터, 시각 디자이너

지금부터 할 수 있는 일
물건을 보고 똑같이 그리는 연습하기

이런 사람에게 어울려요
그림을 잘 그리고 관찰력이 뛰어난 사람

좋은 점, 힘든 점
좋은 점 : 어려운 내용을 쉽게 이해할 수 있도록 도와줄 수 있어요.
힘든 점 : 그림을 실제와 똑같이 그리는 것이 어려워요.

방사선사

　방사선은 눈에 보이거나 냄새가 나지 않는 빛의 한 종류예요. 몸에 와서 부딪혀도 전혀 느낌이 나지 않지요. 이런 방사선으로 사람의 몸속을 들여다볼 수 있고 병을 치료할 수도 있답니다.

　방사선사는 방사선을 이용해서 환자의 치료를 도와주는 사람이에요. 의사의 지시에 따라 다양한 방사선 기계로 환자의 뼈가 부러지거나 금이 갔는지 확인하기도 하고, 환자의 몸속에 있는 암세포를 발견하기도 해요. 또 환자의 아픈 곳에 방사선을 쏘아서 병을 치료하기도 하지요. 이때 다른 부위에 방사선이 닿지 않도록 주의해서 치료해야 한답니다.

치료하고 돌보는 것을 좋아해요!

그린

방사선사가 되려면?

대학의 방사선과를 졸업하고 방사선사 국가시험에 합격해야 해요. 여러 가지 기계를 다루어야 하기 때문에 기계 활용 능력이 뛰어나야 하고, 의학 전문 용어에 대한 지식도 필요하지요. 방사선은 매우 조심해서 다루어야 하므로 신중하고 차분한 사람에게 적합해요.

더 알아보기

비슷한 직업
임상 병리사, 작업 치료사

지금부터 할 수 있는 일
과학 공부 열심히 하기

이런 사람에게 어울려요
기계를 조작하는 것에 소질이 있고, 집중력이 좋은 사람

좋은 점, 힘든 점
좋은 점 : 방사선을 이용해서 환자의 병을 고쳤을 때 뿌듯해요.
힘든 점 : 반복적인 작업이라서 지루함을 느낄 수 있어요.

음악 치료사

음악 치료사는 마음의 병을 앓고 있는 환자를 음악으로 치료해 주는 사람이에요. 다양한 음악 치료 활동을 통해서 환자의 마음 건강을 보살피고, 병이 나을 수 있도록 도와준답니다.

음악 치료사는 환자가 여러 가지 음악 활동에 참여할 수 있게 이끌어 주어요. 악기를 마음껏 다룰 수 있도록 가르쳐 주고, 노래를 가르쳐서 함께 부르기도 해요. 환자는 음악을 듣거나 직접 노래하고 악기를 연주하면서 건강을 되찾지요.

음악 치료사는 병원이나 복지관, 특수 학교 등에서 음악 치료 활동을 해요. 환자의 상태에 따라 적절한 치료법을 사용해야 하므로 음악 지식은 물론이고 치료 방법에 대한 전문적인 지식도 필요하지요.

치료하고 돌보는 것을 좋아해요!

음악 치료사가 되려면?

대학원에 가서 음악 치료학을 공부해야 해요. 일반 교육 기관에서 음악 치료 과정을 마치고 민간 음악 치료사 자격증을 딸 수도 있지요. 아직 우리나라에서 활동하는 음악 치료사는 많지 않지만, 음악 치료가 환자의 회복에 도움을 준다는 사실이 밝혀지면서 음악 치료사의 활동 무대도 점점 넓어질 전망이에요.

더 알아보기

비슷한 직업
미술 치료사, 원예 치료사

지금부터 할 수 있는 일
다양한 노래와 악기 배우기

이런 사람에게 어울려요
음악에 소질이 있고 마음이 따뜻한 사람

좋은 점, 힘든 점
좋은 점 : 음악으로 사람들의 마음을 위로해 줄 수 있어요.
힘든 점 : 다양한 노래와 악기를 배워야 해요.

비슷한 직업을 더 소개할게요

 한의사

한약과 침으로 사람들의 병을 치료하고 예방하는 사람이에요. 의사는 몸 밖의 세균이 몸속에 들어와서 병에 걸린다고 생각해요. 그래서 세균을 직접 죽이는 약을 처방해 주지요. 하지만 한의사는 몸이 약해져서 병이 생긴다고 생각하기 때문에 약해진 몸을 건강하게 만들어 주려고 노력한답니다.

 안경사

스마트폰이나 컴퓨터 모니터를 너무 가까이에서 보거나 오랫동안 보면 눈이 나빠져요. 안경사는 얼굴 생김새나 눈의 크기, 두 눈동자 사이의 거리 등을 측정해서 가장 잘 맞는 안경을 추천해 주어요. 또 눈이 얼마나 잘 보이는지 시력을 측정하고, 시력에 알맞은 안경알이나 콘택트렌즈를 맞춰 주지요.

 병원 코디네이터

병원에 찾아온 환자가 편안하게 치료를 받을 수 있도록 도와주는 사람이에요. 병원은 아픈 사람들이 오는 곳이기 때문에, 직원들의 친절한 태도가 무척 중요해요. 병원 코디네이터는 직원들에게 친절 교육을 시키고, 전화나 메일로 환자들에게 안내와 상담도 해 주지요. 병원 분위기를 밝게 만들기 위해서 실내 환경을 꾸미기도 해요.

슈가 크래프터

슈가 크래프터는 우리말로 설탕 공예가예요.★ 설탕 가루에 먹을 수 있는 색소를 섞어 다양한 색을 만들고, 원하는 모양을 만드는 작업을 하는 사람이지요.

슈가 크래프터는 설탕과 달걀흰자, 젤라틴 등의 재료를 잘 섞어 반죽한 다음, 도구를 이용해 인형이나 꽃 등을 만들어서 케이크를 장식하지요. 슈가 크래프터가 만든 케이크는 화려한 색과 특별한 모양으로 케이크를 장식할 수 있기 때문에 아주 특별한 케이크랍니다. 슈가 크래프터가 만든 예쁜 설탕 장식들은 부케나 테이블 장식에 사용되기도 해요.

★ 슈가 크래프터는 영어로 설탕(sugar)과 공예가(crafter)가 합쳐진 말이에요.

새롭게 만들어 내는 것을 좋아해요!

레드

슈가 크래프터가 되려면?

우리나라에 설탕 공예를 전문적으로 가르치는 교육 기관이나 학교는 아직 없어요. 슈가 크래프터가 운영하는 공방, 제과 제빵 학원 등에서 설탕 공예를 배우고 전문가 과정까지 마칠 수 있지요. 슈가 크래프터가 되면 케이크나 소품을 만들어 팔 수도 있고, 공방이나 가게에서 강의를 할 수 있어요.

더 알아보기

비슷한 직업
파티시에, 쇼콜라티에

지금부터 할 수 있는 일
만들고 싶은 케이크 장식을 그리기

이런 사람에게 어울려요
상상력이 풍부하고 달콤한 것을 좋아하는 사람

좋은 점, 힘든 점
좋은 점 : 내가 만든 작품을 보고 기뻐하는 사람들을 보면 뿌듯해요.
힘든 점 : 새로운 기술을 꾸준히 배우는 것이 어려워요.

목수

　목수는 나무로 집을 짓거나, 가구나 기구 같은 것을 만드는 사람이에요. 목수는 아주 오래된 직업이에요. 옛날에는 궁궐 같은 큰 건물을 짓거나 고치는 목수에게 벼슬을 내리기도 했지요.

　목수가 만드는 것은 무척 다양해요. 가구는 물론 건물의 뼈대를 만들기도 하고, 다리나 배를 만들기도 하지요. 목수는 건물이나 다리를 짓는 건설 현장에서 빼놓을 수 없는 일꾼이에요. 목수는 건설 계획에 알맞은 나무 재료를 고르고, 그것을 필요한 위치에 사용할 수 있도록 가공하는 일을 담당한답니다. 우리 주변에서는 집 안의 방문이나 문틀 같은 것을 만드는 인테리어 목수를 쉽게 볼 수 있지요.

새롭게 만들어 내는 것을 좋아해요!

레드

목수가 되려면?

나무를 다루는 일이므로 손재주와 꼼꼼함이 필요해요. 직업 전문학교에서 목공 훈련을 받을 수 있지요. 목공이란 나무를 다루어서 물건을 만드는 일을 말한답니다. 목수는 주로 공사 현장에서 일하기 때문에 몸이 건강하고 체력이 튼튼해야 해요.

더 알아보기

비슷한 직업
건축가, 목재 가구 조립원

지금부터 할 수 있는 일
주변에 있는 재료로 물건 만들기

이런 사람에게 어울려요
성실하고 꼼꼼한 사람

좋은 점, 힘든 점
좋은 점 : 멋진 물건이나 건축물을 내 손으로 만들 수 있어요.
힘든 점 : 도구를 사용할 때 다치지 않도록 조심해야 해요.

외식 사업 컨설턴트

외식 사업은 밖에서 사 먹는 음식을 뜻하는 외식 분야의 일을 뜻해요. 컨설턴트는 어떤 분야에 전문적인 지식을 가지고 상담해 주는 사람을 뜻하고요. 그러니까 외식 사업 컨설턴트는 외식 사업을 하려는 사람을 도와주는 전문가예요.

외식 사업 컨설턴트는 음식을 만들어 팔고 싶어 하는 사람들에게 어떤 곳에 음식점을 차리는 것이 좋을지, 어떤 종류의 음식을 팔면 좋을지, 음식점을 차리는 비용은 얼마나 드는지 등을 상담해 주어요. 음식점이 잘 운영될 수 있도록 도와야 하기 때문에 외식 사업 컨설턴트는 음식과 외식 사업에 대한 전문 지식과 경험을 두루 갖추어야 해요.

새롭게 만들어 내는 것을 좋아해요!

레드

외식 사업 컨설턴트가 되려면?

음식에 대한 애정과 관심이 많은 사람에게 어울리는 직업이에요. 대학에서 외식 경영학, 외식 산업 경영학 등을 전공하면 도움이 되지요. 대학의 평생 교육원이나 외식 사업 분야의 회사, 컨설팅 회사에서도 관련 지식과 경험을 쌓을 수 있어요.

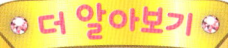

더 알아보기

비슷한 직업
비즈니스 컨설턴트, 요리 평론가

지금부터 할 수 있는 일
소문난 음식점의 요리를 먹고 평가하기

이런 사람에게 어울려요
음식에 관심이 많고 사람들과 잘 어울리는 사람

좋은 점, 힘든 점
좋은 점 : 내가 도운 사람들이 성공했을 때 기뻐요.
힘든 점 : 음식점의 성공을 좌우하기 때문에 부담이 커요.

사진작가

　사진작가는 카메라로 사람이나 자연 풍경 등을 찍는 사람이에요. 사진을 보는 사람이 감동을 받을 수 있어야 하기 때문에 사진작가는 감성이 풍부하고 창의력이 뛰어나야 하지요.

　사진작가는 카메라에 대해 잘 이해하고 능숙하게 다룰 줄 알아야 해요. 사진을 어떤 각도에서 찍어야 하는지, 빛이 얼마나 들어오면 좋을지 등을 잘 알고 상황에 맞게 카메라를 조정해야 하지요.

　사진작가는 무엇을 어떤 목적으로 찍는지에 따라 사람을 찍는 사진가, 자연 환경을 찍는 사진가, 광고 사진을 찍는 사진가, 예술 사진을 찍는 사진가 등으로 나뉜답니다.

새롭게 만들어 내는 것을 좋아해요!

레드

사진작가가 되려면?

좋은 사진이나 그림을 많이 보고 예술적인 감각을 키우는 것이 좋아요. 대학에서 사진학, 사진 영상학, 사진 예술학 등을 전공하면 도움이 되지요. 처음에는 취미로 배우다가 나중에 전문적으로 공부해서 사진작가가 되는 경우도 있어요. 사진 대회에서 상을 받아 이름을 알리기도 해요.

더 알아보기

비슷한 직업
생태 사진작가, 사진 기자

지금부터 할 수 있는 일
카메라로 여러 가지를 찍으며 연습하기

이런 사람에게 어울려요
사진 찍는 것을 좋아하는 열정적인 사람

좋은 점, 힘든 점
좋은 점 : 일하는 시간이 비교적 자유로워요.
힘든 점 : 좋은 사진을 찍기 위해 많은 곳을 돌아다녀야 해요.

꽃 차 마이스터

꽃으로 할 수 있는 일은 무엇이 있을까요? 꽃 차 마이스터는 예쁜 꽃으로 향기로운 차를 만드는 사람이에요.★ 꽃 차 전문가라고 할 수 있지요. 꽃 차 마이스터는 아름다운 꽃 중에서 사람이 먹을 수 있는 꽃을 고르고, 말리거나 찌고 볶아서 꽃 차로 만들어요. 사람들에게 꽃 차를 만드는 법과 마시는 법을 가르치고, 꽃 차 파티도 열지요.

꽃 차 마이스터는 꽃에 대한 지식이 풍부해야 해요. 차로 만들어야 하기 때문에 어떤 꽃이 안전한지도 잘 알아야 하지요. 사람들에게 꽃 차의 아름다움과 즐기는 기쁨을 널리 알리기 위해 늘 연구해야 한답니다.

★ '마이스터(meister)'는 우두머리, 어떤 분야에 뛰어난 기술을 가진 사람을 뜻하는 독일어예요.

새롭게 만들어 내는 것을 좋아해요!

레드

꽃 차 마이스터가 되려면?

꽃 차를 만들어 파는 공방이나 평생 교육원 등에서 꽃 차에 대한 공부를 할 수 있어요. 수백 가지 꽃에 대한 지식과 꽃 차를 만드는 방법을 익혀야 하기 때문에 많은 노력이 필요하답니다. 꽃 차 마이스터가 되면 꽃 차를 만들어서 팔 수 있고, 사람들에게 꽃 차에 대한 강의를 할 수도 있어요.

더 알아보기

비슷한 직업
티 소믈리에, 플로리스트

지금부터 할 수 있는 일
다양한 차를 마시면서 맛 구분하기

이런 사람에게 어울려요
꽃을 좋아하고 미각이 섬세한 사람

좋은 점, 힘든 점
좋은 점 : 내가 정성스레 만든 꽃 차를 사람들에게 소개할 수 있어요.
힘든 점 : 꽃의 종류와 성분 등을 끊임없이 공부해야 해요.

메이크업 아티스트

★ 메이크업 아티스트는 화장으로 아름다움을 표현하는 사람이에요. 다양한 화장품과 도구를 이용해 사람들에게 메이크업을 해 주지요. 메이크업을 할 때는 그 사람의 얼굴 형태와 특징을 잘 살핀 다음, 머리 모양이나 입은 옷과 잘 어울리게 해야 해요.

　메이크업의 종류는 무척 다양해요. 결혼식을 앞두고 하는 웨딩 메이크업, 시험이나 면접을 앞두고 하는 뷰티 메이크업, 광고 모델에게 필요한 광고 메이크업 등이 있지요. 연기를 하는 배우에게도 메이크업이 필요해요. 메이크업 아티스트가 배우의 역할에 어울리게 분장을 해 주면 역할의 성격을 더욱 잘 표현할 수 있답니다.

★ 메이크업(makeup)은 영어로 화장 또는 분장을 뜻하고, 아티스트(artist)는 예술가를 의미해요.

새롭게 만들어 내는 것을 좋아해요!

레드

메이크업 아티스트가 되려면?

대학의 미용 분장학과, 피부 미용과, 미용 예술학과 등 메이크업 관련 학과에서 메이크업 이론과 기술을 배울 수 있어요. 화장품 회사나 방송국에서 운영하는 교육 기관, 또는 일반 학원에서도 메이크업 기술을 배울 수 있지요. 미용사(메이크업) 국가 자격증을 따면 취업하는 데 더 유리해요.

 더 알아보기

비슷한 직업
헤어 디자이너, 특수 분장사

지금부터 할 수 있는 일
텔레비전, 잡지를 보며 메이크업 스타일 찾기

이런 사람에게 어울려요
꾸미기를 좋아하고 미적 감각이 뛰어난 사람

좋은 점, 힘든 점
좋은 점 : 사람들의 얼굴을 예쁘게 꾸며 주었을 때 뿌듯해요.
힘든 점 : 유행에 따라 다양한 메이크업을 연구해야 해요.

불꽃 연출가

불꽃 연출가는 축제나 행사 때 밤하늘을 아름답게 수놓는 불꽃놀이를 기획하고 연출하는 사람이에요. 불꽃놀이는 화약을 공중에 쏘아 올려 아름다운 불빛을 만들어 내는 것이랍니다. 화약을 쏘아 올리는 위치와 화약이 터지는 위치에 따라 다양한 불꽃이 만들어지지요.

불꽃 연출가는 축제나 행사에 어울리는 불꽃을 어떻게 만들지 계획하고 화약을 준비해요. 불꽃의 색깔이 조화롭게 어울려야 하기 때문에 어떤 화약이 어떤 색깔의 빛을 내는지, 타는 시간이 얼마나 걸리는지 잘 알아야 해요. 불꽃놀이가 시작되면 불꽃 연출가는 시간에 맞추어 불꽃과 연결된 버튼을 눌러서 아름다운 불꽃을 만들어 낸답니다.

새롭게 만들어 내는 것을 좋아해요!

레드

불꽃 연출가가 되려면?

불꽃을 만드는 화약의 성질을 잘 이해하고 안전하게 다룰 줄 알아야 해요. 대학에서 화학을 전공하면 도움이 되지요. 화약은 사람을 다치게 할 수도 있는 위험한 물질이라서 화약류 관리 기사, 화약 취급 기능사 등의 자격증이 반드시 필요해요.

더 알아보기

비슷한 직업
행사 연출가, 공연 기획자

지금부터 할 수 있는 일
불꽃놀이를 보며 나라면 어떤 불꽃을 만들지 상상하기

이런 사람에게 어울려요
예술적인 감각이 있고 꼼꼼한 사람

좋은 점, 힘든 점
좋은 점 : 사람들에게 즐거움을 줄 수 있어요.
힘든 점 : 밤늦게 열리는 행사를 진행해야 해요.

동화 작가

　동화는 어린이들이 읽을 수 있게 쉬운 말로 쓴 재미난 이야기예요. 재미있는 이야기 속에 감동과 교훈이 있지요. 동화 작가는 어린이들을 위해 재미있는 이야기를 만드는 사람이랍니다.

　동화 작가는 상상력을 바탕으로 새롭고 흥미로운 이야기를 만들어요. 어린이들은 동화 작가가 만든 이야기를 읽으면서 착한 사람과 나쁜 사람에 대해 생각할 수 있어요. 앞으로 어떤 사람이 되어야겠다고 다짐하기도 하지요. 동화는 어린이들에게 새로운 사실을 알려 주고, 미처 경험하지 못한 것을 경험할 수 있게 해 줄 뿐만 아니라 상상의 나라를 펼칠 수 있게 도와주어요.

새롭게 만들어 내는 것을 좋아해요!

레드

동화 작가가 되려면?

대학의 국어 국문학과, 문예 창작학과 등에서 문학 공부를 하면 도움이 되지요. 동화 작가가 되려면 동화책을 많이 읽고 글을 많이 써 보아야 해요. 동화책을 많이 읽다 보면 좋은 동화를 알아보는 눈이 생기고, 글을 많이 쓰다 보면 좋은 글을 쓸 수 있게 된답니다.

더 알아보기

비슷한 직업
작가, 애니메이션 작가

지금부터 할 수 있는 일
떠오르는 이야기를 글로 쓰거나 상상하기

이런 사람에게 어울려요
상상력이 풍부하고 글을 잘 쓰는 사람

좋은 점, 힘든 점
좋은 점 : 내가 쓴 동화로 아이들에게 감동을 줄 수 있어요.
힘든 점 : 이전에 없던 새롭고 재미있는 이야기를 만들어야 해요.

공연 기획자

공연 기획자는 뮤지컬, 연극, 콘서트 등의 공연 작품을 무대에 올리는 사람이에요. 어떤 작품을 공연할 것인지, 무대를 어떻게 꾸밀 것인지, 사람들에게 공연 소식을 어떻게 알릴지 등 공연의 모든 과정을 계획하고 진행하는 사람이지요.

공연 기획자는 요즘 어떤 공연이 인기 있는지, 사람들이 어떤 공연을 보고 싶어 하는지를 조사해서 무대에 올릴 작품을 선택해요. 또 공연에 출연할 배우나 가수, 공연을 만들 사람들을 모으고, 모두가 협동해서 멋진 공연을 만들 수 있도록 이끌지요. 공연 기획자는 많은 사람을 통솔해서 공연이 만들어지는 과정을 총지휘해야 하기 때문에 리더십과 책임감을 지녀야 한답니다.

새롭게 만들어 내는 것을 좋아해요!

레드

공연 기획자가 되려면?

평소에 뮤지컬, 연극, 콘서트 등 공연을 많이 보는 것이 좋아요. 대학에서 공연 기획과, 공연 기획 경영학과 등 공연 기획과 관련된 전공을 하면 유리하지요. 공연 현장의 제작진으로 일하면서 공연이 만들어지는 과정을 가까이에서 보는 것도 좋은 경험이 된답니다.

비슷한 직업
방송 연출가, 광고 기획자

지금부터 할 수 있는 일
다양한 공연을 보고 느낌과 생각을 기록하기

이런 사람에게 어울려요
창의적이고 리더십이 있는 사람

좋은 점, 힘든 점
좋은 점 : 내가 만든 공연을 보고 많은 사람이 감동받아요.
힘든 점 : 공연은 휴일에 더 인기가 많아서 휴일에 쉬기 어려워요.

요리사

요리사는 음식을 만드는 사람이에요. 재료를 준비하고, 알맞은 조리법으로 음식을 만들지요. 음식의 맛과 모양, 영양 상태도 살핀답니다.

요리사는 먼저 준비한 재료를 잘 씻고 다듬어요. 그런 다음 찌기, 굽기, 볶기, 데치기 등 다양한 조리법으로 음식을 만들어요. 요리를 할 때는 오븐이나 냄비 등 여러 가지 요리 기구를 사용하지요. 상한 재료를 쓰거나 더러운 환경에서 요리한 음식을 먹으면 몸에 탈이 나기 때문에 깨끗하게 요리하는 것이 중요해요.

요리가 끝난 뒤 남은 재료를 손질해서 보관하고, 요리 기구와 요리실을 깨끗하게 정리하는 것도 요리사의 일이에요. 요리사는 오랜 시간 서서 일해야 하기 때문에 체력과 끈기가 필요하답니다.

새롭게 만들어 내는 것을 좋아해요!

레드

 요리사가 되려면?

다양한 음식을 먹어 보고 맛에 대한 감각을 길러야 해요. 조리 특성화 고등학교나 대학의 조리 관련 학과에서 공부하고 조리 기능사 자격증을 따는 것이 좋아요. 요리 전문 학원에서 공부한 뒤 자격증을 딸 수도 있어요. 요즘에는 요리를 배우기 위해 다른 나라로 유학을 가기도 한답니다.

비슷한 직업
영양사, 푸드 스타일리스트

지금부터 할 수 있는 일
다양한 재료를 이용해서 나만의 메뉴 만들기

이런 사람에게 어울려요
미각이 예민하고 먹는 것을 좋아하는 사람

좋은 점, 힘든 점
좋은 점 : 맛있는 음식으로 사람들을 행복하게 해 줄 수 있어요.
힘든 점 : 새로운 메뉴를 개발하기 위해 많이 연구해야 해요.

작곡가

　작곡가는 음악적인 재능과 창의력을 발휘해서 관현악, 성악, 대중가요, 영화 음악, 동요 등 여러 가지 음악을 만드는 사람이에요. 자기 생각과 감정을 담은 리듬과 멜로디, 화음을 조화롭게 구성해서 다양한 음악을 만들지요. 음악을 연주하고 감상하는 데 필요한 악보를 만드는 것도 작곡가예요.

　작곡가는 작곡한 음악을 바이올린이나 첼로 같은 현악기 또는 트럼펫이나 호른 같은 관악기로 연주할 수 있게 다시 다듬기도 해요. 이것을 편곡이라고 하지요. 편곡을 할 때는 각 악기가 지닌 소리의 느낌을 파악해서 음악 속에 잘 표현되도록 하는 것이 가장 중요하답니다.

새롭게 만들어 내는 것을 좋아해요!

 레드

작곡가가 되려면?

대학의 음악학과, 작곡과, 실용 음악과 등에서 작곡 이론과 실기를 배워야 해요. 작곡 전문 학원에서 공부하거나 다른 나라로 유학을 다녀올 수도 있지요. 하지만 자신이 가진 재능과 노력을 바탕으로 혼자 공부하고 연습해서 훌륭한 작곡가가 되는 경우도 많아요.

더 알아보기

비슷한 직업
작사가, 가수

지금부터 할 수 있는 일
노래를 많이 듣고 좋은 멜로디 익히기

이런 사람에게 어울려요
음악적 재능이 뛰어나고 감수성이 풍부한 사람

좋은 점, 힘든 점
좋은 점 : 사람들이 내가 만든 음악을 좋아해 줄 때 뿌듯해요.
힘든 점 : 좋은 음악을 만들기 위해서 공부와 연습을 많이 해야 해요.

출판물 기획 전문가

　출판물 기획 전문가는 우리가 보는 책을 만드는 사람이에요. 책을 만들어서 펴내는 것을 출판이라고 해요. 출판물 기획 전문가는 어떤 책을 만들 것인지 계획하고, 책을 만드는 모든 과정을 지휘하지요.

　출판물 기획 전문가는 자신이 만들 책이 다른 책과 어떻게 다른지, 잘 팔릴 것인지, 요즘에는 어떤 책이 인기 있는지 등을 조사하고 연구한답니다. 이렇게 조사한 것을 바탕으로 어울리는 작가를 찾고, 작가가 쓴 글을 검토해요. 그림이나 사진이 필요하면 그림 작가나 사진 작가에게 도움을 구하지요. 만들어진 책을 잘 팔기 위한 계획을 세우는 것도 출판물 기획 전문가의 일이에요. 출판물 기획 전문가는 사람들이 무엇을 얻으려고 책을 보는지를 정확하게 파악하는 능력이 필요해요.

새롭게 만들어 내는 것을 좋아해요!

출판물 기획 전문가가 되려면?

무엇보다도 책 읽는 것을 좋아해야 해요. 글을 편집하고 다듬는 능력도 필요하지요. 대학의 출판 미디어 관련 학과를 졸업하면 취업에 도움이 된답니다. 출판 관련 아카데미나 문화 센터에서 출판 기획과 편집에 대한 교육을 받을 수도 있어요. 전공은 크게 상관없지만, 대체로 전문 대학 졸업 이상의 학력이 필요해요.

더 알아보기

비슷한 직업
출판 편집자, 편집 디자이너

지금부터 할 수 있는 일
책을 많이 읽고 책을 보는 안목 키우기

이런 사람에게 어울려요
책 읽기를 좋아하고 사람들과 잘 어울리는 사람

좋은 점, 힘든 점
좋은 점 : 내가 만든 책을 많은 사람들이 읽을 때 기뻐요.
힘든 점 : 사람들이 원하는 책을 만들기 위해 많이 연구해야 해요.

파티시에

　프랑스에서 온 말인 파티시에는 원래 케이크, 쿠키, 타르트 등의 과자를 만드는 남자 제과사를 뜻해요.★ 제과사는 케이크나 과자를, 제빵사는 빵을 만드는 사람이에요.

　파티시에는 밀가루와 설탕, 계란 등의 재료를 알맞은 비율로 섞어서 반죽을 만들어요. 반죽을 원하는 모양으로 만든 다음 오븐에 구우면 맛있는 케이크와 과자가 완성되지요. 제품의 종류에 따라 크림이나 잼 등으로 예쁘게 장식하기도 해요. 만들어진 제품을 보기 좋게 진열하거나 포장하는 것도 파티시에가 하는 일이에요. 맛있고 예쁜 케이크와 과자를 계속 만들어야 하기 때문에 창의성과 손재주가 반드시 필요한 직업이랍니다.

★ 프랑스에서는 케이크나 쿠키를 만드는 남자 제과사를 '파티시에(patissier)', 여자 제과사를 '파티시에르(patissiere)'라고 구분해서 부르지요.

새롭게 만들어 내는 것을 좋아해요!

레드

파티시에가 되려면?

제과 기능사, 제빵 기능사 등의 자격증이 필요해요. 조리 특성화 고등학교나 대학의 제과 제빵과, 호텔 조리학과 등에서 제과·제빵 기술을 체계적으로 배울 수 있어요. 그 외에 전문 학원에서도 관련 교육을 받을 수 있고, 다른 나라로 유학을 갈 수도 있답니다.

 더 알아보기

비슷한 직업
요리사, 쇼콜라티에

지금부터 할 수 있는 일
다양한 케이크와 과자를 먹고 맛과 모양 기록하기

이런 사람에게 어울려요
달콤한 것을 좋아하고 미적 감각이 있는 사람

좋은 점, 힘든 점
좋은 점 : 내가 만든 케이크와 과자를 사람들이 맛있게 먹어요.
힘든 점 : 새로운 제품을 개발하기 위해 많은 노력이 필요해요.

프로게이머

✦ 프로게이머는 컴퓨터 게임을 직업적으로 하는 사람이에요. ★ 재미난 게임을 해서 돈을 버는 직업이라니 생각만 해도 부럽지요? 하지만 프로게이머의 일이 쉽지만은 않답니다.

프로 게임단에 소속된 사람만을 프로게이머라고 해요. 프로게이머는 소속 회사에서 새로운 게임을 개발하면 사람들에게 널리 알리는 활동을 하기도 하고, 게임 방송에 출연해서 게임을 하거나 게임 해설을 하기도 해요. 그러다가 대회에 나가서 상대와 맞붙을 때는 이기기 위해 최선을 다하지요. 프로게이머는 긴 시간 동안 컴퓨터 앞에 앉아 게임 연습을 해야 하기 때문에 체력과 집중력, 그리고 어려운 상황에서도 흔들리지 않는 정신력이 필요하답니다.

★ 프로게이머는 전문적인 지식이나 기술을 가진 사람을 뜻하는 프로(pro)와 컴퓨터 게임을 좋아하는 사람이라는 뜻의 게이머(gamer)를 합친 말이에요.

새롭게 만들어 내는 것을 좋아해요!

레드

프로게이머가 되려면?

컴퓨터를 사용하는 직업이기 때문에 컴퓨터를 잘 다룰 줄 알아야 하고, 여러 가지 게임을 빨리 익히고 분석할 줄 알아야 해요. 대학의 컴퓨터 게임 관련 학과 또는 전문 학원에서 실력을 쌓을 수 있어요. 큰 게임 대회에서 높은 성적을 거두고 프로 게임단에 선발되면, 일정한 교육을 거쳐 프로게이머의 자격을 얻을 수 있답니다.

더 알아보기

비슷한 직업
게임 기획자, 게임 방송 해설가

지금부터 할 수 있는 일
여러 가지 게임 연습하기, 게임 대회에 참가하기

이런 사람에게 어울려요
컴퓨터 게임을 좋아하고 끈기 있는 사람

좋은 점, 힘든 점
좋은 점 : 내가 좋아하는 컴퓨터 게임을 하는 직업이에요.
힘든 점 : 컴퓨터 앞에 오래 앉아 있어야 해서 건강에 주의해야 해요.

가수

　가수는 노래 부르는 일이 직업인 사람이에요. 녹음된 반주나 연주자들의 연주에 맞추어 무대에서 노래하지요. 가수는 혼자서 활동하기도 하고 여러 명이 함께 활동하기도 해요. 요즘은 여자끼리 팀을 이룬 걸 그룹, 남자끼리 팀을 이룬 보이 그룹이 인기가 많아요.

　가수는 악보를 보고 리듬과 멜로디를 연습해서 노래를 녹음해요. 그리고 방송이나 공연, 콘서트, 각종 행사에 출연해서 노래를 부르지요. 텔레비전 광고나 영화, 드라마 등에 나오는 노래를 부르기도 해요. 노래와 연기 실력이 뛰어난 가수는 뮤지컬 배우로 활동하기도 한답니다. 가사와 곡을 손수 지어서 노래하는 가수도 있고, 춤 솜씨와 연기 실력까지 두루 갖추고 여러 분야에서 활동하는 가수도 많아요.

새롭게 만들어 내는 것을 좋아해요!

 레드

가수가 되려면?

음악적인 재능이나 노래 실력이 뛰어나야 해요. 예술 고등학교나 대학의 음악 관련 학과에 진학하면 체계적인 음악 이론과 노래 기술을 배울 수 있어요. 연예 기획사에 들어가서 가수가 되기 위한 다양한 훈련과 교육을 받을 수도 있지요. 그 밖에 오디션이나 각종 가요제에서 상을 받아 가수가 되는 경우도 있답니다.

 더 알아보기

비슷한 직업
배우, 무용가

지금부터 할 수 있는 일
춤과 노래 연습을 꾸준히 하기

이런 사람에게 어울려요
음악적 재능이 뛰어나고 활발한 사람

좋은 점, 힘든 점
좋은 점 : 사람들이 나의 노래를 좋아해 주는 것이 기뻐요.
힘든 점 : 노래뿐 아니라 춤과 연기 연습도 열심히 해야 해요.

패션 디자이너

   패션 디자이너는 여러 가지 옷감으로 새롭고 멋진 옷을 디자인하는 옷에 대한 전문가예요.★

   패션 디자이너는 여름이나 겨울 등 본격적인 계절이 시작되기 6개월 전부터 다른 나라의 패션 흐름을 분석해요. 그리고 자신만의 창의성과 예술적인 감각을 더해서 새롭게 선보일 옷을 디자인하지요. 옷을 디자인할 때는 옷을 입을 사람이 남자인지 여자인지, 나이는 몇 살인지, 몸이 말랐는지 살이 쪘는지 등을 고려해야 한답니다.

   패션 디자이너는 유행의 흐름을 읽고 앞서 나가야 하는 직업이기 때문에 패션 분야뿐 아니라 사회학이나 심리학 등 다양한 분야에 관심을 가져야 하지요.

★ 패션 디자이너는 옷 또는 유행 양식을 뜻하는 패션(fashion)과 디자인을 전문으로 하는 사람이라는 뜻의 디자이너(designer)를 합친 말이에요.

새롭게 만들어 내는 것을 좋아해요!

패션 디자이너가 되려면?

옷에 관심이 많고 미적 감각이 뛰어나야 해요. 대학에서 의상 디자인학, 의류학, 의상학 등을 전공하면 유리하지요. 일반 교육 기관에서 패션 디자인 공부를 하고 디자이너가 되는 경우도 많아요. 또 다른 나라로 유학을 가서 세계의 패션 흐름을 눈으로 직접 익히며 공부할 수도 있어요.

더 알아보기

비슷한 직업
텍스타일 디자이너, 그림 작가

지금부터 할 수 있는 일
패션 잡지, 미술 작품 등을 보며 미적 감각 키우기

이런 사람에게 어울려요
패션 감각이 있고 열정적인 사람

좋은 점, 힘든 점
좋은 점 : 내가 만든 옷을 사람들이 좋아할 때 기뻐요.
힘든 점 : 유행을 앞서 나가기 위해 끊임없이 공부해야 해요.

방송 연출가

　방송 연출가는 라디오나 텔레비전의 방송 프로그램을 만드는 책임자예요. 흔히 '피디'라고 부르지요.

　방송 연출가는 프로그램을 어떤 내용으로 구성할지 정하는 일부터 실제로 프로그램을 만드는 모든 과정을 이끌어 간답니다. 방송의 내용과 방송에 출연할 사람들을 결정하는 일, 촬영 일정을 정하고 촬영 장소를 구하는 일, 방송 장비와 무대 소품을 준비하는 일이 방송 연출가의 계획과 지시에 따라 이루어져요.

　방송 연출가는 사람들이 어떤 프로그램을 즐겨 보는지 알려 주는 시청률을 분석하기도 해요. 사람들이 좋아하는 프로그램을 만들기 위해서지요. 방송 연출가는 늘 다양한 정보에 관심을 가지고 새로운 방송 소재를 찾아내기 위해 노력해야 한답니다.

새롭게 만들어 내는 것을 좋아해요!

방송 연출가가 되려면?

요즘에는 대학에서 다양한 분야를 공부한 사람들이 방송 연출가로 활동하고 있어요. 대학을 졸업한 뒤에 방송국의 프로듀서 시험에 합격하면 방송 연출가로 활동할 수 있지요. 방송국에서 운영하는 방송 문화원이나 일반 교육 기관에서도 방송 연출가가 되는 데 필요한 기초 지식을 배울 수 있답니다.

더 알아보기

비슷한 직업
방송 작가, 조연출가

지금부터 할 수 있는 일
책, 방송 등을 보며 다양한 정보 익히기

이런 사람에게 어울려요
창의적이고 리더십 있는 사람

좋은 점, 힘든 점
좋은 점 : 사람들이 내가 만든 프로그램을 재미있게 볼 때 뿌듯해요.
힘든 점 : 새로운 방송 소재를 찾기 위해 늘 노력해야 해요.

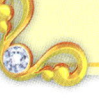

배우

배우는 영화나 드라마에서 다양한 인물을 맡아 연기하는 사람을 말해요. 활동하는 분야에 따라 영화배우, 연극배우, 탤런트로 나뉘지만 연기하는 배우라는 점은 같아요.

배우는 대사가 적힌 대본을 읽고 자기가 맡은 인물이 어떤 사람인지 분석해요. 맡은 배역의 성격과 특징을 연구한 다음 대사를 외우고 행동이나 얼굴 표정 등을 연습하지요. 그리고 배역에 어울리는 옷을 입고 분장을 한 뒤에 연극배우는 관객 앞에서, 영화배우나 탤런트는 카메라 앞에서 상대 배우와 호흡을 맞춰 연기해요.

연극배우는 관객과 마주 보고 정해진 공간에서 연기를 하지만, 영화배우나 탤런트는 시간과 공간에 상관없이 연기할 수 있어요.

새롭게 만들어 내는 것을 좋아해요!

배우가 되려면?

예술 고등학교나 대학의 연극 영화과 등에서 연기 이론과 실기를 배울 수 있어요. 하지만 어릴 때부터 아역 배우로 활동하기도 하고, 오디션에서 배우로 뽑히기도 하므로 반드시 관련 전공을 해야 하는 것은 아니에요. 연기 학원에서 연기를 배우거나 연예 기획사에 소속되어 연기 수업을 받고 배우가 되는 경우도 있어요.

비슷한 직업
뮤지컬 배우, 연예인

지금부터 할 수 있는 일
연극이나 영화를 보고 캐릭터 연구하기

이런 사람에게 어울려요
예술적인 재능이 있고 사람들과 잘 어울리는 사람

좋은 점, 힘든 점
좋은 점 : 사람들이 내 연기를 보며 울고 웃는 것이 기뻐요.
힘든 점 : 다양한 역할을 소화하려면 많이 배우고 연습해야 해요.

플로리스트

　플로리스트는 꽃으로 예술을 표현하는 사람이에요. ★ 꽃을 보기 좋게 장식하는 사람이라고 할 수 있지요.

　플로리스트는 꽃 시장에서 싱싱한 꽃을 들여오거나 꽃이 시들지 않도록 적당한 온도와 습도로 보관하는 일을 해요. 입학식을 축하하는 꽃다발, 생일에 선물하는 꽃바구니를 만들기도 하고, 축제나 결혼식 등 다양한 행사에 필요한 꽃 장식을 하기도 한답니다.

　플로리스트는 단순히 꽃을 아름답게 꾸미는 일만을 하는 직업이 아니에요. 꽃을 길러서 파는 일이나 새로운 꽃 상품을 개발하는 일에도 관심을 기울이지요. 그래서 플로리스트는 꽃을 이용해서 아름답게 꾸미는 기술뿐 아니라 꽃에 대한 폭넓은 지식도 갖추어야 해요.

★ 플로리스트는 영어로 꽃을 뜻하는 플라워(flower)와 전문가를 뜻하는 아티스트(artist)가 합쳐진 말이에요.

새롭게 만들어 내는 것을 좋아해요!

레드

플로리스트가 되려면?

농업 고등학교에 들어가서 원예학을 배우거나 대학에서 원예학, 식물학, 화훼학을 전공하면 좋아요. 화훼 장식 기능사 자격 시험이나 화훼 장식 기사 자격시험에 합격해서 자격증을 따면 취업에 유리하답니다. 무엇보다 현장에서 오랜 시간 꽃을 다루며 차근차근 실력을 쌓는 것이 중요해요.

더 알아보기

비슷한 직업
화훼 연구원, 파티 플래너

지금부터 할 수 있는 일
주변의 꽃과 꽃 장식을 주의 깊게 관찰하기

이런 사람에게 어울려요
손재주가 좋고 미적 감각이 뛰어난 사람

좋은 점, 힘든 점
좋은 점 : 사람들이 내가 만든 꽃 장식을 보고 좋아할 때 기뻐요.
힘든 점 : 여러 가지 꽃들을 특성에 맞게 잘 관리해야 해요.

웹툰 작가

웹툰 작가는 웹툰을 그리는 작가예요. ★ 웹툰은 인터넷에서 볼 수 있게 만들어진 만화를 뜻해요.

종이에 만화를 그리는 만화가와 마찬가지로 웹툰 작가도 흥미로운 만화 소재를 떠올리고 어떤 이야기를 그릴지 큰 틀을 구성해요. 그런 다음 등장인물을 만들고, 사건이나 이야기를 자기만의 개성을 살려 표현하지요. 웹툰 작가는 컴퓨터로 그림을 그리는 경우가 대부분이기 때문에 포토샵 같은 컴퓨터 프로그램을 잘 다룰 수 있어야 해요.

요즘에는 스마트폰이나 태블릿 PC와 같은 모바일로 웹툰을 보는 사람이 많아요. 그래서 웹툰작가는 사람들이 모바일로 편하게 볼 수 있는 웹툰을 만드는 방법에 대해서도 고민해야 한답니다.

★ 웹툰은 영어로 인터넷을 뜻하는 웹(web)과 만화를 뜻하는 카툰(cartoon)을 합친 말이랍니다.

새롭게 만들어 내는 것을 좋아해요!

웹툰 작가가 되려면?

애니메이션 특성화 고등학교나 대학의 만화 애니메이션학과, 애니메이션학과 등에서 웹툰 만드는 법을 배울 수 있어요. 공모전에서 상을 받거나, 인터넷 포털 사이트의 웹툰 코너에 꾸준히 작품을 올리는 것도 웹툰 작가가 될 수 있는 방법이에요. 평소에 짧은 이야기를 만들고 그림으로 표현하는 연습을 해 보는 것도 좋아요.

더 알아보기

비슷한 직업
만화가, 일러스트레이터

지금부터 할 수 있는 일
다양한 책 읽기, 재미있는 이야깃거리 메모하기

이런 사람에게 어울려요
창의적이고 만화 그리기를 좋아하는 사람

좋은 점, 힘든 점
좋은 점 : 많은 독자들이 내 만화를 재미있게 볼 때 뿌듯해요.
힘든 점 : 매번 새로운 그림과 이야기를 만들어야 해요.

애플리케이션 엔지니어

　모바일 애플리케이션, 줄여서 모바일 앱은 스마트폰이나 태블릿 PC 등의 모바일에서 사용되는 다양한 응용 프로그램을 말해요. 우리가 스마트폰으로 즐기는 재미난 게임이나 그림을 그리는 프로그램이 모두 모바일 앱이에요. 애플리케이션 엔지니어는 이런 프로그램을 개발하는 전문가랍니다.

　애플리케이션 엔지니어는 컴퓨터 프로그래밍 기술을 이용해서 모바일 앱을 만들어요. 어떤 모바일 앱을 만들지 정해지면 기획자와 디자이너의 도움을 받아서 함께 앱을 만들지요. 앱이 완성되면 잘못된 부분이 없는지 검사하고 고치기도 해요. 앱은 컴퓨터 모니터보다 작은 화면에서 사용하기 때문에, 애플리케이션 엔지니어는 화면에 글자나 그림, 동영상이 잘 보이도록 더욱 신경 써서 앱을 만들어야 해요.

새롭게 만들어 내는 것을 좋아해요!

레드

애플리케이션 엔지니어가 되려면?

컴퓨터에 대한 지식과 기술이 필요한 일이기 때문에 대학의 스마트 소프트웨어과, 소프트웨어 공학과 등 관련 학과에서 공부하는 것이 좋아요. IT 전문 학원에서 앱 개발 기술을 배울 수도 있지요. 앱 개발 경력을 쌓아서 1인 애플리케이션 엔지니어로 활동할 수도 있고, 모바일 앱 개발 회사에 들어가서 일할 수도 있답니다.

더 알아보기

비슷한 직업
소프트웨어 개발자, 프로그래머

지금부터 할 수 있는 일
어떤 분야의 앱을 개발하고 싶은지 생각하기

이런 사람에게 어울려요
컴퓨터에 관심이 많고 창의력이 뛰어난 사람

좋은 점, 힘든 점
좋은 점 : 내가 만든 앱으로 사람들을 즐겁게 할 수 있어요.
힘든 점 : 이전에 없던 새로운 앱을 만들어야 해요.

네일 아티스트

　네일 아티스트는 사람들의 손톱과 발톱을 건강하게 가꾸고 예쁘게 다듬어 주는 사람이에요.★

　네일 아티스트는 고객의 손톱과 발톱의 건강 상태를 확인한 다음, 고객의 피부가 상하지 않게 신경 쓰면서 여러 가지 관리 도구로 손톱과 발톱을 아름답게 손질하지요. 네일 아티스트는 손톱과 발톱 위에 직접 그림을 그리기도 하고, 작은 보석을 붙여서 꾸미기도 해요. 고객에게 손톱과 발톱을 건강하게 관리할 수 있는 방법도 알려 주지요.

　네일 아트는 손톱과 발톱이라는 도화지에 그림을 그리는 창조적인 예술 작업이에요. 그래서 네일 아티스트는 아름다움을 표현하는 예술 감각이 뛰어나야 한답니다.

★ 네일 아티스트는 영어로 손톱을 뜻하는 네일(nail)과 예술가를 뜻하는 아티스트(artist)를 합친 말이에요.

새롭게 만들어 내는 것을 좋아해요!

레드

네일 아티스트가 되려면?

대학의 미용과, 뷰티 미용학과, 피부 미용과 등에서 네일 아트를 배울 수 있어요. 미용사(네일) 국가 자격증을 따면 전문 숍, 미용실 등에 취업할 수 있지요. 네일 아트 전문 학원에서 교육받고 자격증을 딸 수도 있어요. 경력이 쌓이면 자신의 숍을 열고 운영할 수도 있답니다.

더 알아보기

비슷한 직업
메이크업 아티스트, 피부 관리사

지금부터 할 수 있는 일
나만의 예쁜 네일 아트 디자인 개발하기

이런 사람에게 어울려요
미적 감각이 뛰어나고 사람들과 잘 어울리는 사람

좋은 점, 힘든 점
좋은 점 : 사람들의 손톱, 발톱을 특별하게 만들어 줄 수 있어요.
힘든 점 : 유행에 뒤처지지 않게 새로운 디자인을 연구해야 해요.

헤어 디자이너

　헤어 디자이너는 머리 모양을 아름답게 손질하고 관리해 주는 사람이에요.★ 보통은 커트, 드라이, 펌, 염색, 탈색 등 미용실에서 하는 모든 작업을 할 수 있는 사람을 말해요.

　헤어 디자이너는 가위와 빗으로 고객의 머리카락을 다듬고, 약품이나 각종 도구를 사용해서 다양한 머리 모양을 만들어 주어요. 고객이 원하는 머리 모양을 만들어 주고, 어울리는 머리 모양을 추천해 주기도 해요. 고객에게 머리카락을 건강하게 관리할 수 있는 방법을 알려 주기도 하지요. 헤어 디자이너는 보통 미용실에서 일하는 경우가 많지만 연예인의 머리를 손질해 주는 스타일리스트가 되거나 방송국의 분장실에서 일할 수도 있답니다.

★ 헤어 디자이너는 영어로 머리카락을 뜻하는 헤어(hair)와 디자인을 전문으로 하는 사람이라는 뜻의 디자이너(designer)를 합친 말이에요.

새롭게 만들어 내는 것을 좋아해요!

레드

헤어 디자이너가 되려면?

미용 고등학교나 대학의 미용 관련 학과에서 전문적인 교육을 받을 수 있어요. 미용사 국가 자격증을 따면 헤어 디자이너로 일할 수 있지요. 미용 전문 학원에서 교육받고 자격증을 딸 수도 있답니다. 실력을 쌓을 때까지 현장에서 허드렛일을 도우며 배워야 하기 때문에 인내력이 필요해요.

더 알아보기

비슷한 직업
메이크업 아티스트, 애견 미용사

지금부터 할 수 있는 일
TV, 잡지를 보며 다양한 머리 모양 익히기

이런 사람에게 어울려요
미적 감각이 뛰어나고 친화력이 좋은 사람

좋은 점, 힘든 점
좋은 점 : 사람들에게 어울리는 스타일을 찾아 주는 보람이 커요.
힘든 점 : 새롭고 예쁜 헤어 스타일을 꾸준히 개발해야 해요.

광고 기획자

　텔레비전을 보다 보면 다양한 광고가 나와요. 맛있는 아이스크림 광고도 나오고, 멋진 자동차 광고도 나오지요. 광고 기획자는 상품이나 서비스를 사람들에게 널리 알리기 위한 광고를 만드는 사람이에요.

　광고 기획자는 광고를 어떻게 만들지 계획하는 것부터 광고를 만드는 모든 과정을 지휘해요. 팔고 싶은 상품이나 서비스가 있는 사람은 광고 기획자에게 광고를 만들어 달라고 부탁하지요. 그러면 광고 기획자는 회의를 열어서 사람들의 의견을 모아요. 광고의 방향이 정해지면 광고에 쓸 글과 영상을 만들고 다듬어서 광고를 완성하지요.

　사람들의 눈길을 끄는 광고를 만들기 위해서는 사람들이 어떤 것을 좋아하는지 잘 알아야 해요. 그래서 광고 기획자는 세상의 흐름을 정확하게 읽어 내는 안목과 창의성을 갖추어야 한답니다.

새롭게 만들어 내는 것을 좋아해요!

광고 기획자가 되려면?

다양한 분야에 관심이 많고 유행의 흐름에 예민해야 해요. 대학에서 광고 홍보학, 신문 방송학 등을 전공하거나 관련 교육 기관에서 광고 기획자가 되기 위한 교육을 받는 것이 좋아요. 광고 회사에서 실습 사원으로 일하며 경험을 쌓거나 광고 공모전에서 상을 타면 취업하는 데 유리해요.

더 알아보기

비슷한 직업
공연 기획자, 마케팅 전문가

지금부터 할 수 있는 일
내 주위의 물건을 어떻게 광고할지 생각하기

이런 사람에게 어울려요
창의적이고 생각을 글로 잘 표현하는 사람

좋은 점, 힘든 점
좋은 점 : 내가 만든 광고로 상품을 널리 알릴 수 있어요.
힘든 점 : 매번 새로운 광고 아이디어를 생각해 내야 해요.

건축가

　우리가 사는 집이나 다니는 학교를 짓는 사람은 누구일까요? 바로 건축가예요. 건축가는 조그만 집부터 100층이 넘는 높은 빌딩까지 다양한 건물을 짓는 사람이에요. 건물을 튼튼하고 안전하게 짓는 것은 물론이고, 예술적인 감각과 창의력을 발휘해서 더욱 멋지고 새로운 건물을 짓기 위해 노력한답니다.

　건축가는 새로운 건물이 지어지기까지 모든 과정을 책임지고 이끌어요. 어떤 사람이 건물을 지어 달라고 요청하면, 건축가는 먼저 어떤 형태와 크기로 건물을 지을지 설계해요. 그다음 공사 기간과 방법, 필요한 일꾼과 재료, 공사 장비에 대한 계획을 꼼꼼히 세우고 공사를 시작하지요. 건축가는 많은 사람을 통솔해서 공사를 완성해야 하기 때문에 사회성과 리더십이 있어야 한답니다.

새롭게 만들어 내는 것을 좋아해요!

건축가가 되려면?

건축가가 되려면 나라에서 실시하는 건축사 자격시험에 합격해야 해요. 대학에서 건축학을 전공해야 건축사 시험을 볼 수 있답니다. 건물을 짓는 일은 안전과 관련이 있기 때문에 실수해서는 안 돼요. 책임감이 강하고 꼼꼼한 사람에게 잘 맞는 직업이에요.

더 알아보기

비슷한 직업
토목 공학 기술자, 조각가

지금부터 할 수 있는 일
주변의 건물들에 관심을 가지고 살펴보기

이런 사람에게 어울려요
창의적이고 꼼꼼한 사람

좋은 점, 힘든 점
좋은 점 : 사람들이 즐겁게 생활하는 공간을 내 손으로 만들어요.
힘든 점 : 편리하고 멋진 건물을 짓기 위해 많이 연구해야 해요.

비슷한 직업을 더 소개할게요

마술사

　텅 빈 모자에서 비둘기가 나오고, 둘로 잘린 천이 다시 하나로 붙는 신기한 공연을 본 적이 있나요? 이런 공연을 마술이라고 하고, 마술을 연습해서 보여 주는 사람을 마술사라고 하지요. 마술사는 사람들 앞에서 동전, 카드 같은 다양한 마술 도구들을 사용해서 공연을 해요. 사람들은 마술을 보며 마치 꿈을 꾸는 듯한 환상에 빠진답니다.

인테리어 디자이너

　인테리어 디자이너는 집이나 사무실, 또는 상점과 병원 등의 내부 환경을 편리하고 아름답게 꾸미는 사람이에요. 벽지나 페인트는 어떤 것을 선택할지, 가구는 어떻게 배치할지, 조명은 어떤 것으로 달지 등을 결정하지요. 보기 좋으면서도 사람들이 지내기 편안한 환경을 만들어야 하기 때문에 창의력과 예술 감각이 뛰어나야 해요.

바리스타

　바리스타는 맛있는 커피를 만들어 주는 사람이에요. 원두가 맛있어야 맛있는 커피를 만들 수 있지요. 말려서 볶은 커피콩을 원두라고 해요. 바리스타는 좋은 원두를 선택하고 기계에 갈아서 손님이 원하는 커피를 만들어 주어요. 요즘은 커피를 마시는 사람들이 많아지면서 커피를 만드는 직업인 바리스타도 큰 인기를 끌고 있답니다.

변호사

　사람과 사람 사이에 다툼이 일어나거나 억울한 일을 당하면 법으로 해결해야 할 때가 있어요. 그런데 사람들은 법에 관해 잘 모르지요. 변호사는 법을 잘 모르는 사람들을 위해 법과 관련된 일을 대신 처리해 주는 사람이에요.

　변호사는 누가 옳고 그른지 판결을 받아야 할 때, 개인이나 단체 대신 법정에 나가 변호해 주지요. 변호는 다른 사람의 편에 서서 그 사람을 위해 변명해 주고 도와주는 것을 뜻해요. 억울한 일을 당해서 도움을 받아야 할 때 필요한 사람이 변호사예요. 변호사는 다른 사람의 어려움을 자기 일처럼 여기고 도우려는 마음가짐을 가져야 한답니다.

올바로 판단하고 지키는 것을 좋아해요!

변호사가 되려면?

4년제 대학을 졸업하고, 법학 전문 대학원에 입학해서 3년을 공부한 뒤 변호사 시험에 합격해야 해요. 법학 전문 대학원에 들어가기 위해서는 법학 적성 시험 성적과 나라에서 인정하는 영어 시험의 점수가 필요해요. 시험이 까다롭고 어렵기 때문에 열심히 공부해야 한답니다.

더 알아보기

비슷한 직업
법무사, 검사, 판사

지금부터 할 수 있는 일
친구와 싸웠을 때 논리적으로 해결할 수 있는 방법을 생각하기

이런 사람에게 어울려요
자신의 생각을 말과 글로 차분하게 표현할 줄 아는 사람

좋은 점, 힘든 점
좋은 점 : 억울하고 약한 사람을 도와 정의를 실천할 수 있어요.
힘든 점 : 재판에서 이기기 위해 많은 증거를 모으고 조사해야 해요.

보석 감정사

　비싼 돈을 주고 보석을 샀는데, 알고 보니 가짜라면 얼마나 억울할까요? 이런 일을 막기 위해 보석이 진짜인지 가짜인지 검사해서 알아내는 사람을 보석 감정사라고 해요.

　보석 감정사는 보석을 검사하는 기계나 화학 물질을 이용해서 보석이 진짜인지 가짜인지 알아내요. 보석의 색깔을 살펴보고, 다듬은 기술을 평가해서 등급을 매기고 보석 감정서를 써 주지요. 예를 들면 다이아몬드가 몇 등급짜리인지, 금반지가 순수한 금으로 된 것인지 다른 물질이 섞인 것인지를 알려 준답니다. 시장과 경제 상황의 변화에 따라 보석의 가격을 결정하는 것도 보석 감정사가 하는 일이에요.

올바로 판단하고 지키는 것을 좋아해요!

보석 감정사가 되려면?

대학의 보석 감정과, 보석 가공과, 귀금속 디자인과 등에서 보석 감정에 대한 전문 지식을 배워야 해요. 일반 학원이나 직업 훈련 학교에서도 보석 감정 기술을 배울 수 있어요. 외국에서 관련 교육 과정을 마치면 더 유리하답니다. 보석 감정사는 비슷비슷해 보이는 보석을 눈으로 살펴서 차이를 구별해야 하기 때문에 시각이 예민해야 해요.

더 알아보기

비슷한 직업
보석 디자이너, 귀금속 가공 기능사

지금부터 할 수 있는 일
비슷한 물건을 보고 어떤 점이 같고 다른지 비교하기

이런 사람에게 어울려요
차분하고 꼼꼼한 사람

좋은 점, 힘든 점
좋은 점 : 전문성과 독창성을 인정받을 수 있어요.
힘든 점 : 보석을 다루는 일이라서 항상 조심하고 긴장해야 해요.

경호원

　경호원은 경호가 필요한 사람을 외부의 위협으로부터 지키는 사람이에요. 보디가드라고도 부르지요. 경호원은 나라나 회사에서 높은 지위에 있는 사람, 또는 학자나 연예인처럼 이름이 널리 알려진 사람이 다치거나 죽지 않도록 가까이에서 보호해요.

　가끔 나쁜 사람들이 이런 사람들을 납치해서 자기가 원하는 것을 요구하는 일이 일어나지요. 이런 일을 막기 위해 경호원이 필요한 것이랍니다. 경호원은 의뢰인의 곁에서 주위에 위험한 사람이나 물건이 없는지 늘 살펴요. 경호를 하다가 위험한 상황이 생길 수 있기 때문에 경호원은 빠른 판단력과 위기 대처 능력을 반드시 갖추어야 해요.

올바로 판단하고 지키는 것을 좋아해요!

경호원이 되려면?

경호원이 되는 데 학력이 크게 중요하지는 않아요. 하지만 최근에는 경호 업무가 전문화되어서 대학의 경호 관련 학과를 졸업하는 것이 유리하답니다. 사람을 지키는 일이기 때문에 태권도나 유도 같은 무술에 뛰어나야 하고, 경호받는 사람과 어디든 늘 같이 다녀야 하기 때문에 운전도 할 수 있어야 해요.

비슷한 직업
보안 검색 요원, 청원 경찰

지금부터 할 수 있는 일
태권도나 유도 같은 무술 배우기

이런 사람에게 어울려요
체력과 운동 신경이 뛰어난 사람

좋은 점, 힘든 점
좋은 점 : 다른 사람의 안전을 책임진다는 자부심이 있어요.
힘든 점 : 의뢰인의 안전에 항상 주의를 기울여야 해요.

요리 평론가

　요리 평론가는 요리를 먹고 맛이 어떤지 평가하는 사람이에요. 여러분은 '미슐랭 2스타'라는 말을 들어 본 적 있나요? 《미슐랭》은 음식점의 요리를 평가하는 권위 있는 프랑스 잡지예요. 이때 요리를 평가하는 사람이 바로 요리 평론가랍니다.

　요리 평론가는 요리의 맛뿐만 아니라 음식점의 분위기, 깨끗한 정도, 일하는 사람의 서비스 등을 모두 꼼꼼하게 살펴서 평가해요. 외국에서는 요리 평론가의 평가에 따라 음식점의 인기가 하루아침에 높아지기도 하고 떨어지기도 하지요. 요리 평론가의 평가에는 그만큼 큰 힘이 있기 때문에, 공정하게 평가하는 것이 가장 중요하답니다.

올바로 판단하고 지키는 것을 좋아해요!

요리 평론가가 되려면?

요리 평론가가 되려면 많은 요리를 먹어 봐야 하고, 섬세한 미각과 요리에 대한 풍부한 지식을 가지고 있어야 하지요. 대학에서 식품 공학이나 식품 영양학 등을 전공한 뒤에 요리 평론가가 될 수도 있고, 요리사로 일하다가 요리 평론가가 될 수도 있어요.

더 알아보기

비슷한 직업
요리사, 푸드 스타일리스트

지금부터 할 수 있는 일
맛있는 음식을 먹고 평가하는 글 쓰기

이런 사람에게 어울려요
요리에 관심이 많고 공정한 사람

좋은 점, 힘든 점
좋은 점 : 맛있는 요리를 먹는 것이 직업이에요.
힘든 점 : 정확하고 공정한 평가를 하기 위해 노력해야 해요.

경찰관

어디서 누군가에게 무슨 일이 생기면 나타나 사람들을 돕는 사람이 있어요. 바로 경찰관이지요. 경찰관은 국민의 생명과 재산을 보호하고, 안전한 사회를 만들기 위해 일하는 사람이에요.

경찰관은 도로에서 교통사고가 나는 것을 막기 위해 사고의 원인이 되는 나쁜 행동을 단속하기도 하고, 사건을 조사해서 범인을 잡기도 하지요. 또 여러 사람이 한꺼번에 모이는 행사가 열리면 질서가 유지될 수 있게 도와요. 사람들에게 여러 가지 정보를 알려 주거나 싸움이 일어나면 서로 화해할 수 있게 거들기도 하지요.

이렇게 하는 일이 많다 보니 경찰관을 '민중의 지팡이'라 부르기도 한답니다. 걷기 불편한 할아버지와 할머니에게 지팡이가 도움이 되는 것처럼, 경찰관이 사람들이 살아가는 데 도움을 준다는 뜻이에요.

올바로 판단하고 지키는 것을 좋아해요!

경찰관이 되려면?

경찰관이 되는 데는 여러 가지 방법이 있어요. 경찰 대학을 나와서 경찰관이 되는 경우도 있고, 경찰 공무원 시험에 합격해서 경찰관이 되기도 해요. 대학에서 경찰 행정학을 전공한 사람들만 따로 시험을 쳐서 경찰관을 뽑기도 한답니다. 경찰관은 국민을 위해서 일한다는 사명감과 봉사 정신이 필요한 직업이에요.

비슷한 직업
소방관, 해양 경찰관, 사이버 수사 요원

지금부터 할 수 있는 일
열심히 운동하며 체력 기르기

이런 사람에게 어울려요
몸과 마음이 건강하고, 책임감이 강한 사람

좋은 점, 힘든 점
좋은 점 : 안전하고 정의로운 사회를 만들 수 있어요.
힘든 점 : 일하다가 위험한 일을 겪을 수 있어요.

변리사

　변리사는 개인이나 단체가 새로운 기술이나 발명품, 상표 등을 개발했을 때 그것에 대한 특허권을 가질 수 있도록 돕는 사람이에요. 특허권은 새로운 기술이나 발명품을 만든 사람이 그것을 독점적으로 이용할 수 있는 권리를 말해요. 변리사는 특허권을 얻는 데 필요한 어려운 일들을 해결하며 발명가를 도와주지요.

　여러 사람이 똑같은 것을 발명하더라도 가장 먼저 특허권을 얻은 사람이 그 발명품에 대한 권리를 가질 수 있어요. 다른 사람들보다 빨리 특허권을 얻기 위해 변리사의 도움이 필요한 것이랍니다. 그 외에 다른 나라가 우리나라의 기술, 상표, 그림 등을 마음대로 가져가서 쓰지 못하게 하는 것도 변리사의 역할이지요.

올바로 판단하고 지키는 것을 좋아해요!

변리사가 되려면?

특허청에서 실시하는 변리사 시험에 합격해야 해요. 만 스무 살 이상이면 누구나 시험을 볼 수 있지만, 대학에서 생물, 기계, 화학 등 이과 계열 과목을 공부하면 훨씬 유리해요. 변호사 시험에 합격한 다음에 변리사로 등록하는 것도 변리사가 되는 한 가지 방법이랍니다.

 더 알아보기

비슷한 직업
특허 사무원, 발명가

지금부터 할 수 있는 일
과학책 읽기, 과학 퀴즈 풀기

이런 사람에게 어울려요
꼼꼼하고 책임감 있는 사람

좋은 점, 힘든 점
좋은 점 : 새로운 발명품의 특허권을 얻었을 때 뿌듯해요.
힘든 점 : 특허권을 얻기 위해 여러 분야를 공부해야 해요.

노무사

　노무사는 회사와 회사에서 일하는 직원들 사이에 생기는 여러 가지 어려운 문제를 해결할 수 있게 도와주는 사람이에요. 법과 관련된 문제가 대부분이어서 법에 대해 많이 알아야 하지요.

　노무사는 회사 편에서 일할 때, 회사가 직원들과의 갈등을 해결할 수 있게 상담해 주어요. 반대로 직원들 편에서 일할 때는 직원들이 일한 뒤 돈을 받지 못하거나 억울하게 회사를 그만두게 되었을 때 법적으로 도움을 주지요. 어느 편에서 일하든 회사와 직원들 사이의 문제를 빨리 해결해 모두가 다시 즐겁게 일할 수 있도록 도와준답니다.

　직원들이 다치지 않고 안전하게 일할 수 있는 환경을 만들도록 회사에 조언해 주는 것도 노무사의 일이에요. 또 직원들이 효율적으로 일할 수 있게 각자에게 맞는 일을 찾아 주기도 하지요.

올바로 판단하고 지키는 것을 좋아해요!

노무사가 되려면?

공인 노무사 국가시험에 합격해서 공인 노무사 자격증을 따야 해요. 시험이 어렵기 때문에 공부를 열심히 해야 한답니다. 대학에서 법학이나 경영학을 전공하면 시험에 유리해요. 일단 시험에 합격하면 노무사로 일할 수 있고, 대학에서 학생들을 가르칠 수도 있지요.

더 알아보기

비슷한 직업
법무사, 사회 보험 노무사

지금부터 할 수 있는 일
다툼이 일어났을 때 모두가 만족할 수 있는 해결책 제안하기

이런 사람에게 어울려요
책임감 있고 사람들과 잘 어울리는 사람

좋은 점, 힘든 점
좋은 점 : 회사와 직원 모두에게 좋은 방법을 찾아 도움을 주어요.
힘든 점 : 회사와 직원들 사이의 갈등을 공정하게 조정해야 해요.

　모든 사람은 싸움이 일어났을 때, 이것을 해결하기 위해 바르고 공평하게 재판받을 권리가 있어요. 어떤 사람이 어떤 죄를 지었는지 밝히고, 어떤 벌을 받아야 할지 정하는 것을 재판이라고 해요. 판사는 법을 어겨서 경찰관에게 잡혀 온 사람이 어떤 벌을 얼마나 받아야 할지 재판해서 결정하는 사람이지요.

　판사는 재판을 할 때 검사와 변호사의 말을 잘 듣고, 재판받는 사람이 법을 어겼다고 주장하는 사람의 말이나 증거를 꼼꼼히 살펴야 해요. 그런 다음 억울한 사람이 생기지 않도록 법에 따라 공정하게 판결을 내려야 하지요. 판사는 검사가 어떤 사건을 조사할 수 있도록 허락해 달라고 할 때, 조사할 수 있도록 허락할 권리도 가지고 있답니다.

올바로 판단하고 지키는 것을 좋아해요!

판사가 되려면?

4년제 대학을 졸업하고, 법학 전문 대학원에 들어가서 열심히 공부한 뒤 변호사 시험에 합격해야 해요. 그 후 다시 일정 기간의 경험을 쌓고, 여러 가지 평가를 거친 뒤에 판사가 될 수 있지요. 공정한 판결을 내리기 위해서는 법 외의 여러 가지 분야에 대해서도 잘 알아야 해요.

 더 알아보기

비슷한 직업
검사, 변호사, 법무사

지금부터 할 수 있는 일
다툼이 생겼을 때 누구의 이야기가 옳은지 공정하게 판단하기

이런 사람에게 어울려요
공정하고 정의롭게 행동하는 사람

좋은 점, 힘든 점
좋은 점 : 정의로운 세상을 만든다는 자부심이 있어요.
힘든 점 : 공정한 판결을 내리기 위해 끊임없이 연구해야 해요.

검사

　검사는 어떤 사람이 법을 어기고 잘못을 저질렀을 때, 이것을 조사해서 법원에 재판을 요구하는 사람이에요. 경찰관이 죄를 저지른 사람을 붙잡아 조사하고 증거를 모아 검사에게 보내면, 검사는 이것을 확인하지요. 경찰이 범인이 아닌 사람을 범인이라고 하거나, 저지르지 않은 죄를 지었다고 판단하는 실수를 할 수도 있기 때문에 검사가 한 번 더 확인하는 것이랍니다. 검사는 증거를 꼼꼼히 확인해서 그 사람이 죄를 지었다고 판단하면 법원에 벌을 줄 것을 요구하고, 잘못을 저지르지 않았다고 판단하면 풀어 주지요.

　검사는 법정에서 변호사와 겨루어요. 검사는 여러 가지 증거를 준비해서 판사에게 보여 주고, 죄를 지은 사람이 죄에 맞는 벌을 받게 해 달라고 주장한답니다.

올바로 판단하고 지키는 것을 좋아해요!

블루

 검사가 되려면?

4년제 대학을 졸업하고, 법학 전문 대학원에 들어가서 열심히 공부한 뒤 변호사 시험에 합격해야 해요. 그 후 여러 가지 평가를 거친 뒤에 검사가 될 수 있답니다. 검사는 어떤 사람이 범인인지 아닌지, 벌을 얼마나 받아야 옳을지 판단하는 직업이기 때문에 항상 신중하고 정의로워야 해요.

더 알아보기

비슷한 직업
판사, 변호사

지금부터 할 수 있는 일
규칙을 잘 지키고 올바른 일에 앞장서기

이런 사람에게 어울려요
정의롭고 용기 있는 사람

좋은 점, 힘든 점
좋은 점 : 죄를 지은 사람에게 알맞은 벌을 주어요.
힘든 점 : 위험하고 힘든 수사를 해야 할 때도 있어요.

범죄 과학 수사관

　나쁜 일을 저지르는 사람들이 점점 늘어나면서 그런 사람들을 찾아내는 일은 더욱 어려워지고 있어요. 그래서 과학 지식으로 범죄 사건을 수사하는 범죄 과학 수사관이라는 직업이 생겼답니다. 범죄는 법을 지키지 않고 나쁜 짓을 저지르는 것을 말해요.

　범죄 과학 수사관은 과학 지식을 이용해서 경찰관이 범죄를 저지른 사람을 잡는 것을 도와요. 범죄가 일어난 장소에 있는 옷, 무기, 머리카락 등에서 단서를 찾아 검사하지요. 또 범인을 밝히기 위해 재판을 할 때 검사 결과를 알기 쉽게 설명해 주기도 해요.

　우리나라에서는 과학 수사 연구사, 과학 수사관 등 부르는 이름이 조금씩 달라요. 하지만 범죄를 저지른 사람을 찾는 것은 같답니다.

올바로 판단하고 지키는 것을 좋아해요!

범죄 과학 수사관이 되려면?

범죄 과학 수사관이 다루는 분야는 매우 다양해요. 그래서 자신이 선택한 분야에 대한 풍부한 지식과 경험이 필요하지요. 때에 따라 의사나 약사 면허증이 필요한 경우도 있고, 과학 분야에서 오랫동안 일했거나 경찰 시험에 합격해야 하는 등 어려운 조건이 필요한 경우도 있어요.

더 알아보기

비슷한 직업
범죄 심리 분석관, 경찰관

지금부터 할 수 있는 일
과학 공부 열심히 하기

이런 사람에게 어울려요
순발력과 추리 능력, 판단력이 뛰어난 사람

좋은 점, 힘든 점
좋은 점 : 피해자의 억울함을 풀어 줄 수 있어요.
힘든 점 : 범죄 사건이 쉽게 해결되지 않을 때 힘들어요.

사설탐정

사설탐정은 어떤 일을 자세히 살펴서 필요한 정보를 알아내는 사람이에요. 사람이나 물건을 찾는 일이나 그 밖의 여러 가지 문제를 해결하는 것을 돕지요. 경찰관의 도움을 받아야 하는데 경찰관이 너무 바빠서 해결이 느리다면 사설탐정에게 돈을 주고 부탁하는 것이랍니다.

사설탐정은 문제를 해결하기 위해 문제가 생긴 이유나 사람, 사건에 대한 자료를 모아요. 이곳저곳을 찾아다니며 사람들을 만나서 이야기를 듣고 실마리를 찾기도 해요.

다른 나라처럼 우리나라도 사설탐정에 대한 법을 만들기 위해 준비하고 있답니다. 법이 만들어지면 자격 없는 사람들이 법을 어기며 마음대로 조사하는 것을 막고, 사설탐정이 정식으로 일할 수 있어요.

올바로 판단하고 지키는 것을 좋아해요!

사설탐정이 되려면?

이웃 나라인 일본에서 사설탐정이 활발히 활동하는 것과 달리, 우리나라에는 아직 사설탐정이 되기 위해 따로 준비할 수 있는 것이 없어요. 미국에서 사설탐정이 되려면 면허증을 따기 위해 관련 공부를 하고 시험에 합격해야 한답니다. 사설탐정은 비밀 정보를 다루는 직업이기 때문에 신중하고 정직해야 해요.

더 알아보기

비슷한 직업
사설 정보 관리사, 경찰관

지금부터 할 수 있는 일
탐정 소설을 읽고 추리력 키우기

이런 사람에게 어울려요
끈기가 있고 도전하는 것이 즐거운 사람

좋은 점, 힘든 점
좋은 점 : 어려운 문제를 해결했을 때 성취감을 느낄 수 있어요.
힘든 점 : 자료를 모으기 위해 많은 곳을 찾아다녀야 해요.

비슷한 직업을 더 소개할게요

 평론가

평론가는 미술, 음악, 영화, 연극, 책 등의 예술 작품을 평가하고 그 내용을 글로 쓰는 사람이에요. 다양한 예술 작품을 보거나 듣고, 자신의 지식과 경험을 바탕으로 작품을 평가하지요. 방송에 나와서 인터뷰를 하기도 하고, 글로 써서 신문이나 잡지에 싣기도 해요. 평론가가 되려면 자신이 평론하려는 분야에 대한 지식이 풍부해야 해요.

 법의학자

법의학자는 의학과 과학 지식을 바탕으로 범죄 사건을 해결하는 과학자예요. 법의학자는 범죄 사건과 관련된 시체나 증거물을 모은 다음, 최신 기계와 기술을 이용해서 그것을 분석해요. 법의학자가 분석한 결과를 통해 사람이 죽은 원인과 시간 등을 알 수 있어요. 경찰관이 사건의 범인을 잡는 데 큰 도움이 된답니다.

 범죄 피해자 보호사

요즘에는 힘이 약한 어린이나 청소년, 여성을 대상으로 한 범죄가 점점 늘어나서, 피해를 입은 사람인 피해자를 보호하는 일이 점점 더 중요해지고 있지요. 그래서 생긴 직업이 범죄 피해자 보호사예요. 범죄 피해자 보호사는 피해자나 사건을 직접 본 목격자의 마음을 안정시키고, 수사 과정에서 두려움을 느끼지 않도록 보살피고 격려해 주어요.

고생물학자

　고생물학자는 먼 옛날 지구에 살았던 생물을 연구하는 학자예요. 공룡처럼 오래전 땅속에 묻힌 동물과 식물의 화석을 찾아내서 여러 가지 사실을 알아내지요. 화석은 오래전에 지구에 살았던 동물과 식물의 뼈나 흔적이 땅속이나 땅 위에 남아 있는 것을 말해요.

　고생물학자는 전자 현미경으로 화석을 연구해요. 화석을 보면 지금의 동식물이 옛날에는 어떤 모습이었는지 알 수 있어요. 수많은 동식물이 어떻게 생겨났는지, 왜 지구에서 사라졌는지도 알 수 있지요. 고생물학자의 연구 결과들은 수천 년 전 지구의 모습과 환경에 대해 알려 주는 아주 소중한 자료들이랍니다.

지식을 알려 주고 도와주는 것을 좋아해요!

옐로우

고생물학자가 되려면?

지구의 생물들이 어떻게 생겨나고 변해 왔는지 연구하는 학문이므로 동물과 식물, 지구에 대한 호기심이 많아야 해요. 대학에서 지질학, 생물학 등의 자연 과학 분야를 공부하는 것이 좋아요. 외국의 연구 자료들을 많이 보아야 하기 때문에 외국어 공부도 열심히 해야 하지요.

더 알아보기

비슷한 직업
지질학자, 생명 공학자

지금부터 할 수 있는 일
박물관에 가서 여러 종류의 화석 관찰하기

이런 사람에게 어울려요
호기심 많고 과학을 좋아하는 사람

좋은 점, 힘든 점
좋은 점 : 화석을 통해 지구의 역사를 사람들에게 알려 줄 수 있어요.
힘든 점 : 연구 결과가 나오기까지 오랜 시간이 걸려요.

라디오 DJ

　라디오를 켜면 음악이 흘러나오기도 하고, 진행자가 이야기를 들려주기도 하지요. 라디오 DJ는 라디오 프로그램을 듣는 청취자에게 음악과 이야기를 들려주는 진행자예요. 청취자가 듣고 싶은 음악을 신청하면 라디오 DJ가 틀어 주지요. 분위기와 상황에 맞는 음악을 고르고, 방송에 사용되는 기계를 직접 조작하기도 한답니다.

　라디오 DJ는 잘 알려지지 않은 좋은 음악을 찾아내서 틀어 주기도 하고, 사람들이 보내 온 여러 가지 이야기들을 들려주기도 해요. 라디오 DJ가 목소리에 풍부한 감정을 담아서 이야기를 들려주면 방송을 듣는 사람들도 기쁘고 슬픈 감정을 생생하게 느낄 수 있답니다.

지식을 알려 주고 도와주는 것을 좋아해요!

옐로우

라디오 DJ가 되려면?

팝송이나 가요, 클래식 등 다양한 음악을 즐겨 듣는 것이 좋아요. 음악에 대한 정확한 정보와 흥미로운 이야기들을 들려주어야 하기 때문에 음악에 대한 상식이 많아야 하지요. 또 정확한 발음으로 매끄럽게 진행할 수 있도록 많은 연습을 해야 해요. 누군가에게 말하듯이 소리 내어 책을 읽는 연습을 하는 것도 도움이 되지요.

더 알아보기

비슷한 직업
라디오 작가, 아나운서

지금부터 할 수 있는 일
라디오 프로그램을 들으며 DJ가 하는 일 익히기

이런 사람에게 어울려요
음악을 좋아하고 마음이 따뜻한 사람

좋은 점, 힘든 점
좋은 점 : 다양한 사람들과 소통할 수 있어요.
힘든 점 : 생방송에서의 돌발 상황이나 실수에 늘 주의해야 해요.

기상 캐스터

　기상 캐스터는 방송에 나와서 날씨 정보를 알려 주는 사람이에요. 다른 말로 기상 예보사라고도 해요. 기상은 바람, 구름, 비, 눈, 더위, 추위 같은 날씨를 뜻하는 말이고, 예보는 앞으로 일어날 일을 미리 알리는 것을 뜻하지요.

　기상 캐스터는 기상청에서 알려 주는 날씨 자료를 정리해서 방송 기사를 써요. 그리고 방송 연출가와 상의해서 날씨 상황을 보여 주는 지도나 사진, 그림 등의 방송 화면을 구성하지요.

　기상 캐스터는 짧은 시간 동안 정보를 정확하고 쉽게 설명해야 해요. 생방송에서 실수하지 않기 위해서는 미리 연습해 보아야 한답니다.

안녕하세요. 긴급 일기 예보를 알려드리겠습니다.

대형 태풍이 빠르게 다가오고 있습니다.

태풍이 왔을 땐 정전이 될 수도 있으니 손전등을 준비하시는 것이 좋습니다.

지금까지 기상 캐스터 소피가 전해 드리는 태풍 속보였습니다.

지식을 알려 주고 도와주는 것을 좋아해요!

 옐로우

기상 캐스터가 되려면?

대학에서 신문 방송학이나 대기 과학 등을 전공하면 도움이 돼요. 사람들에게 정보를 전달하는 직업이기 때문에 표준말을 사용해야 해요. 날씨 자료를 정확하게 분석하는 능력도 필요하지요. 방송국의 기상 캐스터 시험에 합격하면 기상 캐스터로 활동할 수 있답니다.

더 알아보기

비슷한 직업
아나운서, 리포터

지금부터 할 수 있는 일
하늘을 보고 주변 사람들에게 날씨 설명하기

이런 사람에게 어울려요
창의력이 있고 성실한 사람

좋은 점, 힘든 점
좋은 점 : 사람들의 생활에 도움이 되는 정보를 알려 주어요.
힘든 점 : 기상 현상을 주의 깊게 관찰하고 분석해야 해요.

별자리 해설사

　밤하늘에 반짝이는 수많은 별들 중에 이름이 있는 별들이 바로 별자리예요. 별자리는 몇 개의 별들을 이어서 모양을 만들고 동물이나 물건, 신화 속에 나오는 인물의 이름을 붙인 것이랍니다.

　별자리 해설사는 별자리에 얽힌 신화나 전설을 알려 주는 별자리 선생님이에요. 눈으로 별자리를 찾는 방법과 망원경으로 별자리를 관찰하는 방법도 알기 쉽게 설명해 주지요.

　봄, 여름, 가을, 겨울에 볼 수 있는 별자리가 다른 것은 우리가 사는 지구가 태양 주위를 돌고 있기 때문이에요. 별자리 해설사는 계절마다 달라지는 별자리에 대한 정확한 지식도 알려 준답니다.

별자리는 하늘의 지도야.

사막에서는 길을 잃었을 때 별자리를 보고 길을 찾았대.

그럼 별자리는 몇 개나 있어요?

하늘에는 총 88개의 별자리가 있어.

그중 우린 약 60개의 별자리를 볼 수 있지.

지식을 알려 주고 도와주는 것을 좋아해요!

별자리 해설사가 되려면?

별자리에 대한 지식이 풍부해야 해요. 직접 밤하늘의 별자리를 찾아보며 별들의 움직임을 관찰하거나 별자리와 관련 있는 신화나 전설을 많이 알아 두면 좋아요. 천문학에 관한 책을 읽는 것도 도움이 되지요. 별자리 해설사가 되면 천문대와 천문 과학관 등에서 사람들에게 별자리 지식을 알려 줄 수 있어요.

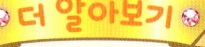
더 알아보기

비슷한 직업
천문학자, 도슨트

지금부터 할 수 있는 일
밤하늘을 올려다보며 별자리 관찰하기

이런 사람에게 어울려요
별을 좋아하고 우주에 관심이 많은 사람

좋은 점, 힘든 점
좋은 점 : 사람들에게 재미있는 별자리 이야기를 해 줄 수 있어요.
힘든 점 : 별자리 지식과 함께 천문학에 대한 공부도 해야 해요.

신문 기자

　신문 기자는 여러 가지 사건이나 중요한 소식을 기사로 써서 신문을 읽는 사람들에게 정확하게 전달하는 사람이에요. 예전에는 종이 신문밖에 없었지만, 요즘에는 인터넷 신문이나 모바일 신문도 있어요.

　신문 기자는 가만히 책상에 앉아서 기사를 쓰는 것이 아니라, 직접 현장에 나가서 사건이나 관련 자료를 조사하지요. 잘못된 일을 발견하면 기사를 써서 많은 사람에게 알리고 잘못을 바로잡는 데 도움을 주기도 해요. 때로는 위험한 곳에 가거나 어려운 사건을 조사해야 할 때도 있어요. 그럴 때 신문 기자는 포기하지 않고 어려움에 맞서는 용기와 정의감을 발휘해야 한답니다.

지식을 알려 주고 도와주는 것을 좋아해요!

신문 기자가 되려면?

대학에서 정치학, 사회학, 신문 방송학 등 인문·사회 계열을 전공하면 유리해요. 하지만 요즘은 신문 기사의 전문성이 중요해져서 의대나 법대를 졸업하고 관련 분야의 전문 기자로 진출하는 사람도 많아졌어요. 신문 기자를 뽑는 시험은 경쟁률이 높기 때문에 열심히 준비해야 해요.

비슷한 직업
방송 기자, 리포터

지금부터 할 수 있는 일
일기를 꾸준히 쓰며 글솜씨 쌓기

이런 사람에게 어울려요
글을 잘 쓰고 정의로운 사람

좋은 점, 힘든 점
좋은 점 : 내가 쓴 기사로 사람들에게 무언가를 알렸을 때 뿌듯해요.
힘든 점 : 사건을 조사하기 위해 많은 곳을 돌아다녀야 해요.

공인 중개사

　사람들이 땅이나 집을 사고팔 때, 또는 빌리거나 빌려줄 때 중간에서 도와주는 사람을 공인 중개사라고 해요. 땅이나 집은 움직이지 않는 재산이라는 뜻에서 부동산이라고 한답니다.

　이사를 가야 할 때 가장 먼저 찾는 사람이 공인 중개사예요. 공인 중개사는 그 동네의 부동산에 대해 잘 알고 있어서 원하는 집을 쉽게 찾을 수 있도록 도와주어요. 공인중개사의 도움을 받으면 편리하고 안전하게 부동산을 사고팔 수 있답니다. 공인 중개사는 부동산에 대한 상담을 해 주고 부동산을 사고파는 서류를 쓰는 일도 도와주어야 하기 때문에 부동산에 대한 전문적인 지식과 꼼꼼한 성격이 필요해요.

지식을 알려 주고 도와주는 것을 좋아해요!

공인 중개사가 되려면?

공인 중개사 국가시험에 합격해서 공인 중개사 자격증을 따야 해요. 혼자서 책을 보며 공부할 수도 있지만, 전문적으로 공부를 가르쳐 주는 학원에 다니며 준비할 수도 있어요. 대학의 부동산학과, 부동산 관리학과, 부동산 경영학과 등 부동산 관련 학과를 졸업하면 도움이 된답니다.

더 알아보기

비슷한 직업
주택 관리사, 부동산 컨설턴트

지금부터 할 수 있는 일
좋은 집의 기준을 생각하기, 경제 뉴스에 관심 갖기

이런 사람에게 어울려요
사람들과 잘 어울리고 꼼꼼한 사람

좋은 점, 힘든 점
좋은 점 : 일하는 시간이 비교적 자유로워요.
힘든 점 : 좋은 땅이나 집을 찾기 위해 많이 조사하고 공부해야 해요.

유치원 교사

　유치원 교사는 아직 초등학교에 입학하지 않은 아이들을 보살피고 가르치는 선생님이에요. 노래 부르기, 그림 그리기 등 여러 가지 활동을 통해서 아이들의 몸과 마음이 자랄 수 있도록 도와주지요.

　유치원 교사는 아이들에게 친구들과 어울려 생활할 때 지켜야 할 규칙들을 알려 주어요. 장난감을 갖고 놀 때 차례를 지키거나, 화장실을 이용할 때 줄을 서야 하는 것들이 유치원에서 지켜야 하는 규칙이랍니다. 또 밖에서 놀고 들어오면 손을 씻고, 밥을 먹고 난 뒤에는 양치질을 하는 생활 습관도 길러 주지요.

　아이가 유치원에서 건강하게 생활하는지 아이의 부모님에게 알려 주고, 문제가 있을 때 상담해 주는 것도 유치원 교사의 일이에요.

지식을 알려 주고 도와주는 것을 좋아해요!

옐로우

유치원 교사가 되려면?

　대학에서 유아 교육학을 전공하고 유치원 정교사 2급 자격증을 따야 해요. 아이들을 보살피기 위해서는 아이들의 특성을 잘 알아야 하기 때문에 성격이 섬세하고 관찰력이 뛰어나야 하지요. 무엇보다도 아이들을 사랑하는 마음으로 돌보는 것이 중요하답니다.

더 알아보기

비슷한 직업
보육 교사, 선생님

지금부터 할 수 있는 일
나보다 어린 동생들과 놀아 주기

이런 사람에게 어울려요
아이들을 좋아하고 인내심과 배려심이 많은 사람

좋은 점, 힘든 점
좋은 점 : 아이들이 건강하게 성장하는 모습을 볼 때 뿌듯해요.
힘든 점 : 많은 아이들을 주의 깊게 관찰하고 보살펴야 해요.

항공기 정비사

　항공기는 사람이나 물건을 싣고 하늘을 나는 비행기를 말해요. 항공기 정비사는 항공기에 문제가 없는지 살피고 고치는 사람이지요. 항공기가 안전하게 날 수 있도록 몸체와 엔진, 부품 등을 조립하고 정비하는 일을 해요.

　항공기 정비사는 항공기가 출발하기 전, 공항에 도착한 뒤에 항공기의 상태를 꼼꼼하게 점검한답니다. 눈으로 살펴보기도 하고 검사 장비를 이용해서 항공기에 고장 난 부분이 있는지 검사하지요. 고장 난 부분이 있으면 고치고 오래된 부품을 새것으로 바꾸기도 해요.

　항공기의 연료와 그 외에 필요한 물품들을 부족하지 않게 채우는 것도 항공기가 잘 날 수 있도록 돕는 일이랍니다.

지식을 알려 주고 도와주는 것을 좋아해요!

 항공기 정비사가 되려면?

많은 사람의 안전을 책임지는 일이기 때문에 항공기 정비에 대한 전문적인 지식과 기술이 필요해요. 대학에서 기계 공학이나 항공 공학을 전공하는 것이 좋지요. 졸업 후에는 항공사에 취업하는 것이 일반적이에요. 항공 기관 정비 기능사, 항공 기관 기체 기술사, 항공 기사 등의 자격증을 따면 취업에 유리해요.

더 알아보기

비슷한 직업
항공 기관사, 기계 공학 기술자

지금부터 할 수 있는 일
다양한 기계 조립하기, 항공기에 대한 책 읽기

이런 사람에게 어울려요
기계에 관심이 많고 책임감 있는 사람

좋은 점, 힘든 점
좋은 점 : 항공기가 문제없이 하늘을 날 때 보람을 느껴요.
힘든 점 : 많은 사람이 타는 항공기를 항상 안전하게 관리해야 해요.

곤충학자

　《파브르 곤충기》라는 책을 읽어 보았나요? 이 책을 쓴 파브르는 대표적인 곤충학자랍니다. 곤충학자는 곤충을 관찰하고 연구하는 사람이에요. 곤충이 알에서 나오고, 애벌레가 되고, 먹이를 먹으며 자라나는 과정을 관찰해서 특징을 알아내지요.

　곤충학자는 곤충이 사람에게 어떤 영향을 미치고 어떤 도움을 줄 수 있는지를 연구해요. 농사에 피해를 주는 해충을 잡고, 곤충을 이용해서 새로운 치료약을 개발하기도 하지요. 또 범죄 사건을 해결하는 데 도움을 주기도 해요. 살인 사건이 일어난 장소에 있는 곤충을 조사하면 사람이 죽은 장소나 시간을 알아낼 수 있답니다.

　곤충학자는 작은 곤충의 생명도 소중하게 여기는 마음을 가지고 있어야 해요.

지식을 알려 주고 도와주는 것을 좋아해요!

옐로우

 곤충학자가 되려면?

평소에 과학이나 생물 과목에 흥미가 많아야 해요. 우리나라 대학에는 아직 곤충학과가 없기 때문에 생물학과에 입학해야 하지요. 그 후 대학원에서 좀 더 깊이 있게 곤충학을 공부할 수 있답니다. 졸업 후에는 대학에서 학생들을 가르칠 수 있고 연구 기관이나 기업의 연구원이 될 수도 있어요.

더 알아보기

비슷한 직업
생물학자, 생명 공학자

지금부터 할 수 있는 일
주변에서 볼 수 있는 곤충이나 작은 생물 관찰하기

이런 사람에게 어울려요
자연과 곤충을 좋아하고, 끈기 있는 사람

좋은 점, 힘든 점
좋은 점 : 연구를 통해 해충이 주는 피해를 줄일 수 있어요.
힘든 점 : 다양한 곤충을 채집하기 위해 많은 곳을 돌아다녀야 해요.

사회 복지사

　사회 복지사는 어려움에 처한 사람들을 돕는 사람이에요. 혼자 사는 노인이나 몸이 불편한 장애인, 부모 없이 할머니나 할아버지와 함께 사는 청소년 등 도움이 필요한 사람들을 보살피는 일을 하지요.

　사회 복지사는 어려움에 처한 사람들을 만나서 이야기를 듣고, 필요한 도움을 받을 수 있도록 도와주어요. 몸이 아픈 사람은 병원에 갈 수 있게 도와주고, 교육이 필요한 사람에게는 배울 수 있는 기회를 찾아 주지요. 그 밖에도 사회 복지사는 여러 가지 사회 복지 프로그램을 만들기도 하고, 더 많은 사람들을 도울 수 있는 방법을 연구하기도 해요. 사회 복지사는 어려운 사람들을 직접 찾아가서 도움의 손길을 내미는 직업이기 때문에 사명감과 봉사심이 필요하답니다.

지식을 알려 주고 도와주는 것을 좋아해요!

옐로우

사회 복지사가 되려면?

일반적인 사회 복지 시설에서 활동하려면 사회 복지사 자격증이 있어야 해요. 나라에서 정한 교육 기관에서 교육을 받거나, 대학의 사회 복지학과를 졸업하면 사회 복지사 2급 자격증을 딸 수 있어요. 국가시험에 합격해서 1급 자격증을 따면 병원이나 학교에서 의료·보건 분야의 사회 복지사로 일할 수도 있지요.

 더 알아보기

비슷한 직업
사회 복지 전담 공무원, 청소년 지도사

지금부터 할 수 있는 일
주위의 어려운 사람들 돕기

이런 사람에게 어울려요
마음이 따뜻하고 봉사 정신이 강한 사람

좋은 점, 힘든 점
좋은 점 : 어려운 사람들을 도울 때 보람을 느낄 수 있어요.
힘든 점 : 도움이 필요한 사람들을 주의 깊게 살피고 돌봐야 해요.

생명 과학 연구원

생명 과학은 동물과 식물부터 너무 작아서 눈에 보이지 않는 미생물까지, 살아 있는 모든 생물을 연구하는 학문이에요. 생명 과학 연구원은 생명체에 일어나는 현상이나 생물의 여러 가지 기능을 연구해서 사람들이 더욱 행복하게 살아갈 수 있도록 돕는 사람이랍니다.

생명 과학 연구원은 우리 주변의 생물들을 자세하게 관찰하고 연구해요. 자신이 연구한 것을 어떤 곳에 응용하느냐에 따라서 여러 분야로 나뉘어요. 병을 고치거나 약을 만드는 데 응용하면 의·약학 연구원이 되고, 식품을 만드는 데 응용하면 식품 과학 연구원이 되지요.

생명 과학 연구원은 자신이 개발한 기술을 여러 가지 산업 분야에 폭넓게 응용하는 직업이기 때문에 늘 새로운 것을 발견하려는 창의력과 관찰력이 필요해요.

지식을 알려 주고 도와주는 것을 좋아해요!

 옐로우

생명 과학 연구원이 되려면?

평소에 과학을 좋아하고 호기심이 많아야 해요. 대학에서 생물학, 생물 공학, 미생물학, 생명 공학, 유전 공학 등을 전공하는 것이 좋아요. 졸업한 뒤에는 식품 의약품 안전처, 보건 복지부 등의 공공 기관이나 생명 공학 분야를 다루는 기업의 연구원으로 일할 수 있답니다.

 더 알아보기

비슷한 직업
생명 공학자, 분자 생물학자

지금부터 할 수 있는 일
주변의 생물 관찰하기, 과학 공부 열심히 하기

이런 사람에게 어울려요
과학을 좋아하고 탐구심이 강한 사람

좋은 점, 힘든 점
좋은 점 : 내가 개발한 기술로 사람들에게 도움을 줄 수 있어요.
힘든 점 : 새로운 기술을 개발하는 데 오랜 시간이 걸려요.

항해사

　커다란 배를 운전하는 것은 선장일까요, 항해사일까요? 정답은 항해사랍니다. 작은 배는 선장이 직접 운전하기도 하지만, 커다란 배는 항해사가 운전해요. 항해사는 사람을 태우거나 짐을 실어 나르는 배를 운전하는 사람이에요.

　항해사는 지도를 보면서 가야 할 곳까지의 거리를 확인하고, 배가 바다 위에서 어떤 길로 갈지 정해요. 그리고 배가 위험한 곳을 지나가지 않도록 살피면서 운전한답니다. 바다에서 배가 고장 나거나 가라앉게 되면 구조 요청을 해야 하기 때문에 통신 시설이나 장비에 문제가 없는지도 꼼꼼히 살펴요. 그 외에도 배에 고장 난 곳은 없는지, 바다 위에 있는 동안 먹을 음식과 연료가 충분한지도 점검해요. 선원들을 관리하는 것도 항해사의 역할이랍니다.

지식을 알려 주고 도와주는 것을 좋아해요!

옐로우

 항해사가 되려면?

배를 운전하려면 반드시 항해사 면허증이 있어야 해요. 해사 고등학교나 수산 고등학교를 졸업하거나, 해양 대학이나 수산 계열 대학의 해상 운항 관련 학과를 졸업하면 항해사 면허 시험을 볼 수 있어요. 한정된 공간에서 오랜 기간 생활해야 하기 때문에 강한 체력과 인내심이 필요해요.

더 알아보기

비슷한 직업
선박 기관사, 도선사

지금부터 할 수 있는 일
뱃멀미를 극복하기 위해 체력 기르기

이런 사람에게 어울려요
도전 정신이 강하고 사람들과 잘 어울리는 사람

좋은 점, 힘든 점
좋은 점 : 드넓은 바다를 누비며 많은 경험을 할 수 있어요.
힘든 점 : 배를 타는 동안 가족과 오래 떨어져 지내야 해요.

쇼핑 호스트

　텔레비전에서 상품을 파는 홈쇼핑 방송을 본 적이 있지요? 홈쇼핑 방송에서 상품에 대해 설명해 주고, 방송을 보는 시청자들이 상품을 사도록 유도하는 사람이 바로 쇼핑 호스트예요.

　쇼핑 호스트는 상품을 실제로 보지 못하는 시청자들 대신 상품을 확인해요. 상품의 기능과 특징이 무엇인지, 좋은 점이 무엇인지 살펴보지요. 방송 전에 상품에 대한 정보가 적힌 대본을 받으면, 쇼핑 호스트는 여기에 좀 더 자세한 설명을 덧붙여요. 그리고 방송이 시작되면 시청자의 관심을 최대한 이끌어 상품을 사도록 설득하지요.

　쇼핑 호스트는 긴 시간 동안 사람들의 관심을 집중시켜야 하기 때문에 재치 있는 말솜씨와 다양한 분야의 상식을 갖추어야 한답니다.

지식을 알려 주고 도와주는 것을 좋아해요!

옐로우

쇼핑 호스트가 되려면?

홈쇼핑 회사의 쇼핑 호스트 시험에 합격해야 해요. 대학에서 연기 관련 전공을 했거나 아나운서, 리포터 등 방송 활동 경험이 있으면 더 유리하지요. 전문 교육 기관이나 언론사의 방송 아카데미에서도 쇼핑 호스트가 되기 위한 훈련을 받을 수 있어요.

더 알아보기

비슷한 직업
상품 기획자, 리포터

지금부터 할 수 있는 일
다양한 분야의 책을 읽으며 지식 쌓기

이런 사람에게 어울려요
순발력이 뛰어나고 말을 조리 있게 잘하는 사람

좋은 점, 힘든 점
좋은 점 : 품질 좋은 제품을 소개한다는 자부심이 있어요.
힘든 점 : 상품의 판매량을 올릴 수 있게 노력해야 해요.

항공기 승무원

승무원은 비행기나 배, 기차 등의 탈것 안에서 승객들에게 도움을 주는 사람이에요. 비행기 안에서 일하는 항공기 승무원은 그중에서도 인기가 높지요.

항공기 승무원은 승객들에게 음식이나 필요한 물건을 가져다 주고, 아픈 승객이 있으면 구급약을 챙겨 주어요. 비행기가 거센 기류를 만나 흔들리면 안전벨트를 하도록 안내하지요. 또 비행기 안에 위험한 물건이 없는지, 수상한 행동을 하는 사람이 없는지를 살피기도 해요.

비행기에 사고가 날 때를 대비해서 항공기 승무원들은 평소에 훈련을 받아요. 위험한 상황이 생기면 항공기 승무원은 훈련받은 대로 승객을 먼저 안전하게 탈출시킨답니다. 승객들이 편안하고 안전하게 목적지까지 갈 수 있도록 최선을 다하는 것이 항공기 승무원이에요.

지식을 알려 주고 도와주는 것을 좋아해요!

항공기 승무원이 되려면?

비행기라는 좁은 공간에서 오랫동안 일하기 때문에 건강해야 하고, 외국인과 대화할 수 있는 외국어 실력도 갖추어야 해요. 대학의 항공 관련 학과를 졸업하면 항공기 승무원이 되는 데 유리하답니다.

더 알아보기

비슷한 직업
선박 객실 승무원, 항공기 조종사

지금부터 할 수 있는 일
운동 열심히 하기, 외국어 공부하기

이런 사람에게 어울려요
상냥하고 책임감이 강한 사람

좋은 점, 힘든 점
좋은 점 : 비행을 하며 세계 여러 곳을 여행할 수 있어요.
힘든 점 : 승객의 안전을 위해 항상 주의를 기울여야 해요.

심리학자

심리학자는 사람의 행동과 심리를 과학적으로 연구하는 사람이에요. 심리는 마음의 움직임과 생각의 상태를 뜻해요. 사람이 어떤 행동을 왜 하는지, 그때의 마음과 생각이 어떤지 연구하는 사람이 바로 심리학자예요.

심리학자는 사람의 마음과 행동을 연구해서 얻은 결과를 다양한 곳에 활용해요. 여러 가지 심리 치료법을 개발해서 자폐증이나 우울증을 겪는 사람들의 치료를 도울 수 있고, 범죄를 저지른 사람이 왜 그런 범죄를 저질렀는지 그 사람의 마음을 들여다보고 분석할 수 있지요.

심리학자는 사람의 복잡한 마음에 대해 호기심을 갖고 끊임없이 연구하는 사람이에요. 심리학자들의 연구 덕분에 우리는 사람의 마음과 생각, 행동이 어떻게 움직이는지 알 수 있게 되었답니다.

지식을 알려 주고 도와주는 것을 좋아해요!

심리학자가 되려면?

사람에 대한 애정과 관심이 많아야 해요. 대학에서 심리학, 교육 심리학 등을 전공하고, 대학원에서 심리학 분야의 석사나 박사 과정을 공부하는 것이 좋아요. 졸업 후에는 대학에서 학생들을 가르칠 수 있고 공공 기관이나 기업의 연구원으로 일할 수도 있지요.

더 알아보기

비슷한 직업
임상 심리사, 범죄 심리 분석관

지금부터 할 수 있는 일
힘든 일이 있는 친구의 이야기 잘 들어주기

이런 사람에게 어울려요
관찰력이 뛰어나고 탐구 정신이 강한 사람

좋은 점, 힘든 점
좋은 점 : 사람들의 아픈 마음을 치료해 줄 수 있어요.
힘든 점 : 복잡한 사람의 마음을 분석해야 해요.

통계학자

　통계는 어떤 현상을 알아보기 쉽게 숫자로 나타내는 것을 말해요. 통계학자는 우리의 일상이나 특정한 분야의 여러 현상들을 통계를 이용해서 관찰하고 연구하는 사람이지요.

　통계학은 생활 곳곳에서 활용되고 있어요. 예를 들어 초등학교 1학년 어린이 100명 중에 몇 명이 축구 선수가 되고 싶어 하는지 조사하려면 통계학을 이용해야 해요. 조사한 통계 자료를 한눈에 쉽게 파악하기 위해서 표와 그래프가 주로 사용되지요. 경제 현상, 사회 현상 등에서 얻은 자료를 통계학을 이용해서 분석하면, 문제점이 무엇인지 찾아내고 미래를 대비하는 데에 활용할 수 있어요. 조사한 통계 자료를 정확하게 분석하는 것이 통계학자의 역할이랍니다.

지식을 알려 주고 도와주는 것을 좋아해요!

통계학자가 되려면?

숫자를 좋아하거나 수학 과목에 소질이 있으면 유리하지요. 복잡한 통계 프로그램을 다루어야 하기 때문에 컴퓨터 활용 능력도 필요해요. 대학에서 통계학, 정보 통계학, 응용 통계학 등을 전공하고 대학원에서 통계 관련 분야의 석사나 박사 과정을 더 공부하는 것이 좋아요.

더 알아보기

비슷한 직업
경제학 연구원, 프로그래머

지금부터 할 수 있는 일
주변에서 통계를 낼 수 있는 것을 찾아 조사하기

이런 사람에게 어울려요
꼼꼼하고 탐구 정신이 강한 사람

좋은 점, 힘든 점
좋은 점 : 여러 가지 사회 문제를 해결하는 데 도움을 주어요.
힘든 점 : 어렵고 복잡한 통계 자료를 분석해야 해요.

직업 상담사

　직업 상담사는 직업을 구하는 사람에게 어울리는 일자리를 찾아 주는 사람이에요. 직업을 구하는 사람이 자신의 능력과 적성에 맞는 직업을 찾을 수 있도록 여러 가지 검사와 상담을 해 주지요.

　직업 상담사에게 상담을 받는 사람들은 다양해요. 학교를 갓 졸업하고 처음 취직하려는 청년, 아기를 낳고 기르느라 오랫동안 일을 쉬었던 여성도 직업 상담사에게 도움을 청해요. 회사에서 퇴직한 뒤 새로운 직업을 찾는 사람도 직업 상담사의 도움을 받을 수 있지요. 요즘에는 일자리를 구하려는 사람들의 특성이 다양해져서 직업 교육을 도와주고 일자리를 연결해 주는 직업 상담사의 역할이 더욱 중요해지고 있답니다.

지식을 알려 주고 도와주는 것을 좋아해요!

직업 상담사가 되려면?

직업 상담사 국가시험에 합격해야 해요. 대학에서 심리학, 교육학, 사회 복지학, 아동학, 청소년 지도학 등을 전공하면 도움이 되지요. 일반 학원이나 교육 기관에서 직업 상담에 대한 전문 교육을 받고 시험을 치를 수도 있어요.

더 알아보기

비슷한 직업
상담 전문가, 이미지 컨설턴트

지금부터 할 수 있는 일
나와 내 친구들의 적성이 무엇인지 생각하기

이런 사람에게 어울려요
다른 사람의 이야기를 잘 들어주고 판단력이 뛰어난 사람

좋은 점, 힘든 점
좋은 점 : 사람들이 적성을 살려 일할 수 있도록 도와주어요.
힘든 점 : 사람의 성격과 적성에 맞는 직업을 추천해 주어야 해요.

해양 생물학자

　지구 표면의 70%는 바닷물이에요. 바다는 사람이 아직 발견하지 못한 무한한 가능성을 품고 있지요. 해양 생물학은 바다에 사는 생물을 연구하는 학문이에요. 불가사리나 조개, 물고기 같은 작은 생물부터 상어나 고래 같은 커다란 생물까지 모든 바다 생물을 연구해요.

　해양 생물학자는 바다의 기후와 환경, 바다에 사는 생물에 대해 연구하는 사람이에요. 바닷물의 성질이나 바다 생물이 어디에 사는지를 조사해서 지도로 그리기도 해요. 고래의 먹이인 플랑크톤을 사람이 먹을 수 있는 식량으로 만드는 연구를 하기도 하지요. 해양 생물학자는 바다에 사는 생물과 거대한 바닷속 생태계에 호기심을 갖고 끊임없이 연구하는 사람이랍니다.

지식을 알려 주고 도와주는 것을 좋아해요!

해양 생물학자가 되려면?

대학에서 해양학, 해양 공학, 해양 자원학 등을 전공한 다음 대학원에 가서 해양학 관련 분야의 석사나 박사 과정을 공부해야 해요. 학위를 딴 뒤에는 대학에서 학생들을 가르칠 수 있고 공공 기관이나 기업에서 연구 활동을 할 수도 있어요.

비슷한 직업
해양학 연구원, 해양 공학 기술자

지금부터 할 수 있는 일
바다와 바다 생물에 대한 책 읽기

이런 사람에게 어울려요
바다를 좋아하고 탐구 정신이 강한 사람

좋은 점, 힘든 점
좋은 점 : 연구를 통해 바다와 바다 생물을 지킬 수 있어요.
힘든 점 : 연구를 위해 오랫동안 바다에서 지내야 해요.

자동차 정비원

　자동차 정비원은 자동차를 검사하고 고치는 사람이에요. 자동차는 편리하지만 잘못 관리하면 매우 위험해요. 자동차가 고장 나서 사고가 나면 사람이 크게 다칠 수 있기 때문이지요.

　자동차 정비원은 자동차의 상태를 먼저 확인해요. 고장이 났다면 어느 곳이 얼마나 고장 났는지 알아내고, 필요하면 부품을 고치거나 바꾸고 다시 조립하지요. 자동차를 움직이게 하는 엔진에 문제가 없는지도 잘 살펴야 해요.

　제대로 관리하지 않은 낡은 자동차에서는 공기를 더럽히는 연기가 쏟아져 나와요. 자동차 정비원은 자동차를 꼼꼼하게 점검해서 자동차가 공기를 오염시키는 것을 막아 주지요. 자동차 정비원은 우리가 자동차를 안전하게 탈 수 있도록 도와주는 직업이에요.

지식을 알려 주고 도와주는 것을 좋아해요!

 옐로우

 자동차 정비원이 되려면?

공업 고등학교나 직업 전문 학교 등에서 자동차나 기계에 대해 공부하는 것이 좋아요. 대학의 자동차과, 자동차 공학과, 자동차 정비과 등을 졸업하고, 자동차 정비 기사 등의 자격증을 따면 취업에 훨씬 유리하지요. 주로 자동차 정비 공장이나 카센터, 자동차 생산 업체 등에 취업할 수 있답니다.

더 알아보기

비슷한 직업
자동차 조립원, 자동차 공학 기술자

지금부터 할 수 있는 일
자동차에 대한 책 읽기, 기계 조립하기

이런 사람에게 어울려요
기계를 좋아하고 꼼꼼한 사람

좋은 점, 힘든 점
좋은 점 : 사람들이 안심하고 자동차를 탈 수 있게 해 주어요.
힘든 점 : 계속해서 새로운 정비 기술을 배워야 해요.

아나운서

　아나운서는 라디오와 텔레비전 방송에서 여러 가지 정보를 전달하고 프로그램을 진행하는 사람이에요. 어떤 사건이나 사고가 일어나면 관련된 정보를 정확하고 알기 쉽게 설명해 주고, 여러 사람을 만나 인터뷰를 하기도 하지요.

　아나운서는 프로그램의 특성에 따라 다양한 역할을 해요. 퀴즈나 토론 프로그램을 진행하기도 하고, 스포츠 경기 장면을 해설하거나 음악 프로그램에서 음악과 이야기를 들려주기도 하지요.

　아나운서는 많은 사람이 보고 듣는 방송에 나와서 말하는 직업이기 때문에 표준어와 바른 우리말을 사용해야 해요. 또 사회와 문화, 경제 등 여러 분야에 대한 폭넓은 지식을 갖추어야 하지요.

지식을 알려 주고 도와주는 것을 좋아해요!

아나운서가 되려면?

대학에서 신문 방송학이나 사회학, 국어 국문학, 언론 홍보학 등을 전공하면 좋아요. 방송국 부설 기관이나 일반 학원에서도 아나운서가 되기 위해 필요한 교육을 받을 수 있어요. 텔레비전에 나오는 아나운서들의 말투를 주의 깊게 듣고 그대로 따라 해 보는 것도 도움이 된답니다.

더 알아보기

비슷한 직업
뉴스 앵커, 리포터

지금부터 할 수 있는 일
사람들 앞에서 또박또박 말하는 연습하기

이런 사람에게 어울려요
말을 조리 있게 잘하고 사람들과 잘 어울리는 사람

좋은 점, 힘든 점
좋은 점 : 사람들에게 바른 우리말로 정확한 정보를 알려 주어요.
힘든 점 : 진행하는 방송 주제에 따라 다양한 분야를 공부해야 해요.

문화재 보존 전문가

　경복궁과 불국사, 고려청자의 공통점은 무엇일까요? 바로 문화재라는 것이에요. 문화재는 우리 조상이 남긴 것들 중에서 역사와 문화적으로 가치가 높아서 보호해야 할 것들을 말하지요.

　문화재 보존 전문가는 궁궐과 절을 비롯해, 미술관이나 박물관에 있는 아름다운 문화재들이 잘 보존되도록 관리하는 사람이에요. 오랜 시간이 흐르는 동안 비와 바람에 닳아 망가지거나, 전쟁 등으로 부서진 문화재를 원래의 모습대로 되살리지요. 문화재 보존 전문가는 적외선 촬영이나 현미경 검사 등의 과학적인 방법을 사용해서 문화재의 상태를 조사해요. 그런 다음 문화재가 훼손되지 않게 조심하면서 원래의 모습에 가까워지도록 꼼꼼히 수리하지요. 또 문화재와 예술품을 오랫동안 잘 보존할 수 있는 기술을 연구하기도 한답니다.

지식을 알려 주고 도와주는 것을 좋아해요!

문화재 보존 전문가가 되려면?

유물이 만들어진 시대를 잘 알아야 하기 때문에 역사 지식이 풍부해야 해요. 대학과 대학원에서 문화재 보존학, 문화재 발굴 보존학 등 문화재 관련 분야의 공부를 하면 유리해요. 학예사 자격증이나 문화재 수리 관련 자격증이 있으면 박물관에 취업하는 데 도움이 되지요.

더 알아보기

비슷한 직업
문화재 수리원, 큐레이터

지금부터 할 수 있는 일
문화재를 감상하고 우리 문화의 아름다움 느끼기

이런 사람에게 어울려요
인내심과 책임감이 있고 꼼꼼한 사람

좋은 점, 힘든 점
좋은 점 : 망가진 문화재를 옛 모습으로 되돌려 놓을 때 보람을 느껴요.
힘든 점 : 소중한 문화재를 고치는 일이므로 주의를 기울여야 해요.

비슷한 직업을 더 소개할게요

숲 해설사

휴양림이나 수목원 같은 곳에서 숲에 대한 설명을 들어 본 적이 있나요? 이렇게 숲을 찾아오는 사람들에게 숲에 대한 이야기를 들려주는 사람이 바로 숲 해설사예요. 숲과 자연 생태, 자연에서 살아가는 동물, 자연과 인간의 관계 등을 알기 쉽게 설명해 주지요. 숲 해설사가 되려면 숲의 역사와 가치, 숲속의 동식물에 대해서 많이 공부해야 해요.

지리 정보 시스템 전문가

지리 정보 시스템 전문가는 우리나라의 강, 산, 땅, 도로, 건물, 철도 등의 지리 정보를 모아서 컴퓨터에 저장하는 사람이에요. 이렇게 저장한 정보는 교통이나 관광, 농업, 환경, 도시 계획 등 사람이 살아가는 데 필요한 여러 가지 분야에 활용되고 있지요. 정보 기술이 발전하면서 지리 정보 시스템 전문가의 활동 영역은 점점 더 넓어질 전망이에요.

헤드헌터

'헤드헌터'를 우리말로 풀면 '사람 사냥꾼'이라는 뜻이에요. 진짜 사람을 사냥하는 것이 아니라, 기업에서 필요로 하는 사람을 사냥하듯 찾아서 연결해 주는 사람이지요. 헤드헌터는 경영 전문가, 고급 기술자 등 회사가 필요로 하는 사람들을 직접 만나서 상담하고 평가하지요. 그리고 가장 알맞은 사람을 회사에 추천한답니다.

애견 테라피스트

애견은 사람들이 집에서 키우면서 예뻐하는 개를 가리켜요. 애견이 좁은 집 안에 갇혀 지내면 스트레스를 받아서 병에 걸리기도 해요. 애견 테라피스트는 애견이 주인과 함께 행복하게 살 수 있도록 도와주는 사람이에요. 애견이 받은 마음의 상처를 치료해 주고, 건강하게 지낼 수 있게 도와주지요.

우리나라에는 애견 테라피스트가 많지 않아서 동물 병원 수의사가 애견 테라피스트 역할을 하기도 해요. 수술받은 애견이 조금 더 빨리 회복될 수 있도록 안마를 해 주기도 하지요. 애견 미용사나 애견 훈련사에 비해 애견 테라피스트는 아직 낯설고 새로운 직업이에요. 하지만 개도 마음에 상처를 입을 수 있다는 사실을 많은 사람이 알게 된다면 애견 테라피스트의 활동 무대도 점점 넓어질 거예요.

미래에 인기가 많아질 직업이에요!

퍼플

 애견 테라피스트가 되려면?

애견이 건강하게 생활할 수 있도록 도와주기 위해서는 개를 좋아하고 개의 습성에 대해 잘 알아야 하지요. 개를 치료하는 여러 가지 방법에 대해서도 배워야 해요. 우리나라에는 아직 없지만 일본에는 애견 테라피스트가 되기 위한 교육을 받을 수 있는 학교가 있답니다.

더 알아보기

비슷한 직업
수의사, 애견 미용사

지금부터 할 수 있는 일
내 주위의 동물들에 관심을 가지고 보살피기

이런 사람에게 어울려요
마음이 따뜻하고 동물을 사랑하는 사람

좋은 점, 힘든 점
좋은 점 : 동물과 사람이 잘 지낼 수 있도록 도울 수 있어요.
힘든 점 : 말 못하는 동물의 마음을 잘 읽어야 해요.

사물 인터넷 개발자

사물은 우리 주변에 있는 책, 집 등의 모든 물건이나 건물을 가리켜요. 인터넷은 눈에 보이지 않지만 사람이 서로 연락하거나 정보를 찾을 수 있게 해 주는 도구지요. 스마트폰에서 재미있는 동영상을 찾아보거나 컴퓨터로 공부할 수 있는 것이 다 인터넷 덕분이에요.

사물 인터넷 개발자는 물건끼리 인터넷을 통해 정보를 주고받는 기술을 개발하는 사람이에요. 우리 주변에 있는 자동차, 형광등 같은 사물을 인터넷에 연결시켜서 사람이 만지지 않아도 저절로 움직이도록 하는 것이지요. 밖에 있다가 집에 들어오면 저절로 집 안에 불이 켜지게 하고, 자동차에 타면 자동차가 스스로 시동을 걸게 만드는 것이 사물 인터넷 개발자가 하는 일이지요. 사물 인터넷 개발자는 우리가 더 편리하게 살 수 있게 해 준답니다.

미래에 인기가 많아질 직업이에요!

사물 인터넷 개발자가 되려면?

호기심이 많고 과학적 상상력이 풍부해야 해요. 어떤 물건이 어떤 원리로 움직이는지 잘 알아야 하기 때문에 공학 계열의 공부를 열심히 해야 하지요. 대학에서 통신 공학, 컴퓨터 공학, 소프트웨어 공학, 전자 공학 등을 전공하고 관련 분야에서 경력을 쌓는 것이 좋아요.

더 알아보기

비슷한 직업
로봇 공학자, 소프트웨어 개발자

지금부터 할 수 있는 일
다양한 기계를 조작하기, 과학책 많이 읽기

이런 사람에게 어울려요
창의적이고 기계를 좋아하는 사람

좋은 점, 힘든 점
좋은 점 : 사람들의 생활을 더 편리하게 만들어 줄 수 있어요.
힘든 점 : 사물과 인터넷을 연결하는 방법을 항상 연구해야 해요.

3D 모델러

　《소피 루비》를 볼 때 소피의 반짝이는 눈빛, 루비의 빛나는 머릿결이 진짜인 것처럼 생생하게 느껴지지 않았나요? 바로 3D 모델러가 단순한 그림에 생명력을 불어 넣었기 때문이랍니다. 3D 모델러는 평평한 그림을 움직이는 입체 영상으로 바꾸어 주는 사람이에요.

　우리가 스케치북에 그리는 그림은 2차원 형식인 2D예요. 3D 모델러는 컴퓨터 그래픽을 이용해서 2D 그림을 3D, 즉 3차원으로 바꾸지요. 그러면 평평하고 밋밋해 보이는 그림에 입체감이 생겨서 실제와 같은 생생함을 느낄 수 있어요. 3D 기술은 애니메이션이나 게임, 영화, 광고 등에 많이 사용되지요. 요즘에는 건물의 설계도를 그리는 일이나 병원에서 사람들을 치료하는 데에도 3D 기술이 사용되고 있을 정도로 3D 모델러의 활동 영역이 넓어지고 있답니다.

미래에 인기가 많아질 직업이에요!

3D 모델러가 되려면?

　컴퓨터 프로그램을 이용해서 그림을 그리기 때문에 컴퓨터를 잘 다룰 줄 알아야 해요. 대학이나 전문 기관에서 디자인 또는 애니메이션 분야의 공부를 하는 것이 좋아요. 애니메이션이나 게임 모델러가 되려면 만화나 미술에도 관심을 가져야 해요.

더 알아보기

비슷한 직업
웹 디자이너, 애니메이터

지금부터 할 수 있는 일
다양한 예술 작품을 감상하고 미적 감각 키우기

이런 사람에게 어울려요
만화, 영화, 게임을 좋아하고 그림을 잘 그리는 사람

좋은 점, 힘든 점
좋은 점 : 내 손으로 3D 캐릭터를 만드는 것이 재미있어요.
힘든 점 : 3D 기술이 활용되는 다양한 분야의 지식을 익혀야 해요.

게임 기획자

　게임 기획자는 게임이 만들어지고 세상에 나오기까지의 모든 과정을 지휘하고 감독하는 사람이에요.

　새로운 게임을 만들기 위해 게임 기획자는 가장 먼저 사람들이 어떤 게임을 좋아하는지, 어떤 게임을 하고 싶어 하는지 조사해서 새로운 게임의 소재를 생각해요. 그다음 게임 캐릭터의 성격과 특징, 게임 줄거리 등을 만들지요. 게임의 큰 틀이 갖추어지면 그래픽 디자이너, 프로그래머 등 여러 사람들과 함께 본격적으로 게임을 만들어요.

　게임 기획자는 완성된 게임에 문제가 없는지 살펴보고 문제가 있다면 직접 고치기도 해요. 새로운 게임을 많은 사람이 즐길 수 있도록 널리 알리는 일도 게임 기획자의 역할이랍니다.

미래에 인기가 많아질 직업이에요!

게임 기획자가 되려면?

대학에서 게임학, 게임 기획학 등 게임과 관련된 전공을 하는 것이 좋아요. 게임뿐 아니라 영화, 만화, 소설 등 다양한 분야에 관심을 갖고 지식을 쌓아 두면 새로운 아이디어를 생각하는 데 도움이 되지요. 자신의 생각을 글이나 말로 잘 표현하는 능력도 갖추어야 한답니다.

더 알아보기

비슷한 직업
게임 프로그래머, 게임 그래픽 디자이너

지금부터 할 수 있는 일
만들고 싶은 게임을 구체적으로 생각하기

이런 사람에게 어울려요
게임을 좋아하고 상상력이 풍부한 사람

좋은 점, 힘든 점
좋은 점 : 내가 만든 게임을 많은 사람들이 즐길 때 뿌듯해요.
힘든 점 : 다양한 게임에 대한 지식을 쌓기 위해 노력해야 해요.

동물 보호 보안관

　동물 보호 보안관은 사람들이 동물을 때리거나 괴롭히지 못하도록 보호하는 사람이에요. 만약에 어떤 사람이 자기가 키우는 동물을 괴롭히면 동물 보호 보안관이 찾아가서 동물을 잘 돌보도록 말하거나 신고할 수 있어요.

　동물 보호 보안관은 많은 동물이 있는 서커스나 행사장을 꾸준히 검사해요. 다쳤는데 보살핌을 받지 못하는 동물이나 위험에 처한 동물이 있으면 동물 보호 보안관이 구한답니다. 주인 없이 길거리를 떠돌아다니는 동물을 데려와서 잘 보살펴 줄 사람에게 보내기도 하지요.

　우리나라는 동물 보호 보안관으로 활동하는 사람이 적어서 위험에 빠진 동물을 구하는 일은 대부분 소방관이 하고 있어요. 하지만 소방관은 동물에 대해 잘 몰라서 동물을 구하는 데 어려움이 많답니다.

미래에 인기가 많아질 직업이에요!

퍼플

동물 보호 보안관이 되려면?

동물을 돌본 경험과 강한 체력이 있으면 좋아요. 영국에는 동물 보호 보안관이 되기 위한 교육을 받을 수 있는 동물 복지 대학이 있어요. 우리나라에도 동물을 기르는 가정이 많아지고 동물을 보호해야 한다는 생각이 널리 퍼지면서 동물 보호 보안관의 필요성이 점차 커지고 있어요.

더 알아보기

비슷한 직업
수의사, 동물 간호 복지사

지금부터 할 수 있는 일
내 주변의 동물들 돌보기

이런 사람에게 어울려요
동물을 좋아하고 정의로운 사람

좋은 점, 힘든 점
좋은 점 : 내가 구한 동물들이 건강하게 잘 지낼 때 기뻐요.
힘든 점 : 제대로 보살핌 받지 못하는 동물을 볼 때 안타까워요.

무인 항공 촬영 감독

무인 항공 촬영 감독은 헬리캠을 이용해서 사진이나 동영상을 만드는 사람이에요. 헬리캠은 카메라를 달아 놓은 작은 헬리콥터인데 사람이 타지 않고 리모콘으로 조종하지요.

텔레비전이나 영화에서는 헬리캠으로 찍은 영상을 자주 볼 수 있어요. 땅 위에 있는 사람을 하늘에서 내려다보는 장면, 큰불이 난 곳을 가까이에서 찍은 장면, 하늘을 나는 새를 따라가는 장면 등은 사람이 직접 찍기는 어렵겠죠? 이때 활약하는 것이 헬리캠이랍니다.

무인 항공 촬영 감독은 헬리캠 덕분에 새롭게 생긴 직업이에요. 헬리캠으로 멋진 동영상을 만들기 위해서는 헬리캠을 능숙하게 다룰 수 있는 전문 기술과 새로운 분야에 대한 도전 의식이 필요하답니다.

미래에 인기가 많아질 직업이에요!

무인 항공 촬영 감독이 되려면?

모험심이 강하고 영상에 관심이 많은 사람에게 어울려요. 전문적인 무인 항공 촬영 감독이 되려면 1년 이상 무인 항공 조종 기술 교육을 받고 영상 촬영에 대한 지식을 쌓아야 한답니다. 대학의 무인 항공 관련 학과나 영화·영상 관련 학과에서 촬영 장비를 조작하고 활용하는 기술을 배울 수 있어요.

더 알아보기

비슷한 직업
촬영 감독, 무인 항공기 시스템 개발자

지금부터 할 수 있는 일
텔레비전이나 영화에 나오는 장면들을 어떻게 찍었을지 상상하기

이런 사람에게 어울려요
영화를 만드는 것에 관심이 많고 기계를 좋아하는 사람

좋은 점, 힘든 점
좋은 점 : 사람들이 내가 찍은 멋진 풍경을 보고 감탄할 때 기뻐요.
힘든 점 : 헬리캠으로 촬영할 때 주위에 피해가 없게 조심해야 해요.

소비 생활 어드바이저

 사람이 살아가는 데 필요한 물건이나 서비스를 돈을 주고 사서 쓰는 것을 소비 생활이라고 해요. 소비 생활 어드바이저는 우리가 지혜로운 소비 생활을 할 수 있게 도와주는 사람이에요.

 가방을 사서 책을 넣었는데 가방이 찢어졌다면, 가방을 엉망으로 만든 회사에 화가 나겠죠? 이때 소비 생활 어드바이저는 찢어진 가방에 대한 불만을 들어 주고 튼튼한 가방으로 바꿀 수 있도록 도와주어요. 가방 외에도 우리가 사는 물건이나 서비스에 대한 불만을 들어주고, 물건을 사기 전에 미리 확인해야 하는 것을 알려 주지요.

 소비 생활 어드바이저는 사람들이 물건이나 서비스에 대해 좋아하고 싫어하는 것들을 잘 듣고 회사에 이야기해서 더 좋은 물건과 서비스를 만드는 데 도움을 주기도 한답니다.

미래에 인기가 많아질 직업이에요!

소비 생활 어드바이저가 되려면?

물건이나 서비스에 대한 여러 가지 정보를 잘 알고 있어야 해요. 새로 산 물건에 불만이 있거나 궁금한 것이 있는 사람에게 잘 설명해 주어야 하기 때문이에요. 소비 생활 어드바이저는 물건을 만들어 파는 회사 외에도 병원, 백화점, 운송 기관, 공공 기관, 쇼핑몰, 소비자 단체 등에서 일할 수 있어요.

비슷한 직업
문화 여가사, 노무사

지금부터 할 수 있는 일
물건을 사기 전에 상품 정보를 꼼꼼히 확인하기

이런 사람에게 어울려요
문제가 생겼을 때 차분하고 논리적으로 말할 수 있는 사람

좋은 점, 힘든 점
좋은 점 : 소비자와 기업 모두에게 도움을 줄 수 있어요.
힘든 점 : 사람들의 불만이 잘 해결되도록 도와야 해요.

괴롭힘 방지 조언사

괴롭힘 방지 조언사는 회사의 직원들 사이에 일어날 수 있는 따돌림이나 괴롭힘을 막는 일을 하는 사람이에요.

회사는 많은 사람이 모여서 함께 일하는 곳이에요. 그런데 여러 사람이 한 명을 따돌려서 그 사람에게만 힘든 일을 맡기고, 대화를 나누려 하지 않는다면 따돌림당하는 사람의 마음이 얼마나 힘들겠어요.

괴롭힘 방지 조언사는 직원들에게 다른 사람을 따돌리거나 괴롭히는 것은 나쁜 일이기 때문에 하지 말아야 한다고 교육해요. 그런데도 따돌림과 폭력 등으로 힘들어하는 직원이 생기면, 우선 그 사람을 보호하고 누가 괴롭혔는지 조사해서 문제를 해결해요. 괴롭힘을 당한 직원이 마음의 상처를 이겨내고 다시 잘 지낼 수 있도록 돕는 것도 괴롭힘 방지 조언사의 역할이랍니다.

미래에 인기가 많아질 직업이에요!

퍼플

괴롭힘 방지 조언사가 되려면?

사람 사이의 관계나 사람들의 심리에 대해 잘 알아야 하기 때문에 대학에서 심리학이나 사회학 등의 사회 과학 분야를 전공하는 것이 좋아요. 요즘에는 친구나 회사 동료와의 관계에 문제가 있는 사람이 많아져서 괴롭힘 방지 조언사의 도움을 필요로 하는 곳이 늘어나고 있어요.

더 알아보기

비슷한 직업
임상 심리사, 직업 상담사

지금부터 할 수 있는 일
친구들과 문제가 생겼을 때 차근차근 해결하기

이런 사람에게 어울려요
다른 사람의 이야기를 잘 들어주고 마음이 따뜻한 사람

좋은 점, 힘든 점
좋은 점 : 피해자를 보호하고 문제를 해결했을 때 보람을 느껴요.
힘든 점 : 다른 사람의 어려움에 공감해 마음이 힘들 수 있어요.

재활용 코디네이터

　재활용은 물건을 사용하고 난 뒤 버리지 않고 다른 용도로 바꾸어 쓰거나 고쳐서 다시 쓰는 것을 말해요. 재활용 코디네이터는 물건을 재활용해서 자원을 아끼는 일을 하는 사람이에요.

　생활에 필요한 물건을 만드는 원료인 광물, 나무, 물 등을 자원이라고 해요. 자원의 양은 정해져 있어서 사람들이 자원을 계속 사용할수록 자원의 양은 점점 줄어들지요. 이제는 전 세계가 자원 부족 문제로 고민하고 있어요.

　재활용 코디네이터는 자원을 재활용해야 하는 이유와 재활용하는 방법을 사람들에게 가르쳐 주어요. 사람들이 재활용에 많이 참여하도록 조직을 만들기도 하고요. 물건을 만드는 회사가 환경 폐기물을 적게 만들고 재활용을 잘할 수 있게 도와주는 일도 한답니다.

미래에 인기가 많아질 직업이에요!

재활용 코디네이터가 되려면?

평소에 환경 문제에 관심이 많아야 해요. 여러 가지 자원이 어떻게 쓰이고 재활용되는지에 대해 잘 알아야 하지요. 일본이나 미국에 비해 우리나라에는 재활용 코디네이터의 수가 많지 않아요. 하지만 재활용에 대한 관심이 높아지면서 재활용 분야에 진출하는 사람들도 점차 늘어나고 있어요.

더 알아보기

비슷한 직업
환경 컨설턴트, 환경 공학 기술자

지금부터 할 수 있는 일
안 쓰는 물건을 재활용할 수 있는 방법 생각하기

이런 사람에게 어울려요
자연을 사랑하고 환경 보호에 관심이 많은 사람

좋은 점, 힘든 점
좋은 점 : 환경 보호에 앞장서는 보람 있는 직업이에요.
힘든 점 : 효과적인 재활용 기술을 개발하려면 오래 연구해야 해요.

케어 매니저

　케어 매니저는 환자나 노인이 편안하게 쉬면서 몸과 마음의 병을 치료받을 수 있도록 서비스를 계획하고 관리하는 사람이에요.

　환자나 노인 가운데에는 몸이 아파서 밥 먹기, 옷 입기, 세수하기 등의 일상생활을 혼자 하기 어려운 사람이 많아요. 요양 보호사가 이런 사람들을 직접 찾아가서 도와주지요. 케어 매니저는 요양 보호사가 하는 여러 가지 일들을 계획하고 관리하는 사람이랍니다.

　케어 매니저는 도움이 필요한 사람들에게 어떤 도움을 줄지 조사해서 결정하고, 요양 보호사가 해야 할 일과 일하는 시간 등을 정해 주지요. 또 환자나 노인을 잘 돌볼 수 있는 방법과 필요한 것들을 요양 보호사에게 알려 주어요. 그 밖에도 도움을 받은 사람들에게 더 필요한 것은 없는지 물어보고 더 좋은 서비스를 만들기 위해 노력해요.

미래에 인기가 많아질 직업이에요!

케어 매니저가 되려면?

아픈 사람을 돌보는 일을 계획하고 관리하는 직업이기 때문에 간호에 대한 기본 지식과 봉사 정신이 필요해요. 일본에서는 보건, 의료, 복지 분야에서 일한 경험이 있는 사람이 국가 자격시험에 합격하면 케어 매니저로 활동할 수 있다고 해요.

더 알아보기

비슷한 직업
요양 보호사, 사회 복지사

지금부터 할 수 있는 일
할머니, 할아버지, 다친 친구를 도와주기

이런 사람에게 어울려요
다른 사람을 배려할 줄 아는 따뜻하고 친절한 사람

좋은 점, 힘든 점
좋은 점 : 몸이 불편한 사람들에게 도움을 줄 수 있어요.
힘든 점 : 환자의 상태에 따라 맞춤 서비스를 계획해야 해요.

목소리 코치

　선생님이나 친구들 앞에서 발표할 때 어려움을 느낀 적이 있나요? 목소리가 너무 작거나 떨리면 아무리 좋은 발표 내용이라도 사람들이 잘 듣지 못하고 내용을 이해하기 힘들지요.

　목소리 코치는 발표에 어려움을 느끼는 사람들이 당당한 목소리로 발표할 수 있도록 도와주는 사람이에요. 다른 사람의 목소리를 주의 깊게 듣고 문제점을 찾은 다음, 목소리의 크기와 높이, 말의 속도 등을 알맞게 고쳐 주지요. 또 바르게 숨 쉬는 방법과 정확하게 발음하는 방법을 훈련시켜 준답니다.

　요즘에는 일자리를 구하는 면접에서 좋은 인상을 주고 싶은 사람들이나 의사, 교사, 변호사 등 사람을 대하는 일이 많은 사람들이 목소리 코치의 도움을 받는다고 해요.

미래에 인기가 많아질 직업이에요!

목소리 코치가 되려면?

다른 사람의 목소리를 잘 듣고 문제점을 고쳐 주어야 하기 때문에 섬세한 언어 감각과 관찰력이 필요해요. 대학에서 언어 치료학, 언어 병리학, 커뮤니케이션학 등을 전공하면 도움이 돼요. 연설이나 발표 경험을 많이 쌓으면 더욱 좋지요.

더 알아보기

비슷한 직업
성우, 언어 재활사

지금부터 할 수 있는 일
좋은 목소리를 가진 사람 관찰하기

이런 사람에게 어울려요
다른 사람을 도와주고 소통하는 것을 좋아하는 사람

좋은 점, 힘든 점
좋은 점 : 사람들의 자신감을 높여 줄 수 있어요.
힘든 점 : 사람마다 목소리가 달라서 매번 새롭게 일해야 해요.

개인 브랜드 매니저

마트에 가면 같은 종류의 물건이라도 저마다 다른 상표가 붙어 있지요. 이렇게 물건에 붙어 있는 상표가 바로 브랜드랍니다.

사람에게도 저마다 남들과 차별되는 고유한 특징이 있어요. 그것을 장점으로 발전시켜서 그 사람만의 브랜드로 만들면 더욱 빛나고 멋져 보이겠죠? 도움을 원하는 사람들에게 개성 있는 브랜드를 만들어 주고 체계적으로 관리해 주는 사람이 바로 개인 브랜드 매니저예요.

개인 브랜드 매니저는 상담이나 심리 검사를 통해 사람들이 무엇에 재능이 있고 무엇이 부족한지를 알려 주어요. 그다음 그 사람의 특성과 장점이 잘 드러나는 개인 브랜드를 만들어 주고 알맞은 직업을 추천해 주지요. 개인 브랜드 매니저는 사람들이 자신의 장점을 발견하고 더 나은 삶을 살 수 있게 도와준답니다.

미래에 인기가 많아질 직업이에요!

개인 브랜드 매니저가 되려면?

사람들의 특징을 분석하고 그 사람만의 브랜드를 만들어 주기 위해서는 대학에서 경영학, 마케팅, 심리학 등을 전공하는 것이 도움이 돼요. 다양한 사람들을 만나 대화를 나누어야 하기 때문에 의사소통 능력이 뛰어나야 하고, 상담과 심리에 대한 기본 지식을 갖추는 것이 좋아요.

더 알아보기

비슷한 직업
커리어 코치, 직업 상담사

지금부터 할 수 있는 일
다른 사람과 다른 나만의 개성이 무엇인지 생각하기

이런 사람에게 어울려요
다른 사람의 이야기에 공감할 줄 아는 따뜻한 사람

좋은 점, 힘든 점
좋은 점 : 다른 사람의 재능을 찾아서 발전시켜 줄 수 있어요.
힘든 점 : 사람들의 적성과 능력을 정확하게 파악해야 해요.

우주여행 가이드

　요즘에는 우주에 대해 궁금해하고, 우주여행을 하고 싶어 하는 사람들이 많아졌어요. 우주여행 가이드는 사람들에게 우주여행에 대해 안내해 주는 사람이에요. 우주여행을 하려는 사람들을 만나 이야기를 나누고 여행 계획을 세우는 데 도움을 준답니다.

　우주를 여행하려면 무엇보다도 몸과 마음이 건강해야 해요. 우주는 우리가 살고 있는 지구와 환경이 다르기 때문이에요. 그래서 우주여행 가이드는 사람들이 우주여행을 할 수 있을 만큼 몸과 마음이 건강한지 검사해요. 사람들이 우주 환경에 쉽게 적응할 수 있도록 미리 훈련을 시켜주기도 하지요. 그 밖에도 직접 우주선을 조종하고, 우주 탐사 작업을 하기도 해요. 우주 과학 기술이 많이 발전해서 우주여행 가이드의 도움을 받아 우주여행을 할 수 있는 시대가 곧 올 거예요.

미래에 인기가 많아질 직업이에요!

 우주여행 가이드가 되려면?

우주 환경에서 견딜 수 있을 만큼 체력이 좋아야 하고, 힘든 훈련 과정을 거쳐야 해서 인내력도 강해야 해요. 대학에서 자연 과학이나 공학 계열의 공부를 하면 도움이 돼요. 사람들을 상담하고 안내해 주는 일이기 때문에 밝고 친절한 성격을 가진 사람에게 어울려요.

 더 알아보기

비슷한 직업
우주 비행사, 항공 우주 연구원

지금부터 할 수 있는 일
열심히 운동해서 체력 기르기

이런 사람에게 어울려요
건강하고 모험을 좋아하는 사람

좋은 점, 힘든 점
좋은 점 : 미지의 세계를 사람들에게 소개한다는 즐거움이 있어요.
힘든 점 : 우리가 알지 못하는 위험이 있을 수 있어요.

비디오 게임 디자이너

　요즘에는 컴퓨터 기술이 발전해서 현실처럼 생생한 비디오 게임을 즐길 수 있어요. 게임하는 사람이 게임의 주인공이 되어 이야기를 선택할 수도 있지요. 비디오 게임 디자이너는 다양한 이야기를 만들어서 게임의 흐름을 구성하고, 게임이 진행되는 방식을 생각하는 사람이에요.

　비디오 게임을 하다 보면 점수를 올리거나 다음 단계로 올라갈 때 그림이나 글자들이 나오기도 해요. 비디오 게임 디자이너는 다양한 그림과 글자를 화면에 어떻게 배치할지 결정하고, 애니메이터, 프로그래머 등 여러 사람들과 함께 게임을 완성하지요.

　비디오 게임 디자이너는 컴퓨터를 잘 다루는 능력과 함께 재미있는 이야기를 만들 수 있는 풍부한 상상력이 필요하답니다.

미래에 인기가 많아질 직업이에요!

비디오 게임 디자이너가 되려면?

비디오 게임을 좋아하고 동화나 만화, 역사 등 다양한 분야에 관심을 가져야 해요. 대학에서 게임학, 게임 기획학, 게임 콘텐츠학 등 게임과 관련된 전공을 하는 것이 좋아요. 게임을 만드는 일은 여러 사람이 함께하는 작업이기 때문에 의사소통을 잘하고 사람들과 원만하게 지낼 수 있어야 해요.

더 알아보기

비슷한 직업
게임 기획자, 게임 시나리오 작가

지금부터 할 수 있는 일
다양한 비디오 게임을 해 보고 각 게임의 특징 비교하기

이런 사람에게 어울려요
게임을 좋아하고 이야기 만들기에 소질이 있는 사람

좋은점, 힘든점
좋은 점 : 게임의 이야기를 만드는 즐거움이 있어요.
힘든 점 : 장시간 컴퓨터로 작업하므로 건강에 주의해야 해요.

야외 활동 지도사

　야외 활동은 집이나 학교가 아닌 야외에서 하는 다양한 체험 활동을 말해요. 야외 활동 지도사는 이러한 야외 활동이 안전하고 재미있게 진행되도록 계획하고 이끄는 사람이에요. 실내에서 하는 운동이 아닌 야외에서 하는 모든 운동과 놀이가 야외 활동에 속한답니다. 야외 활동 지도사는 운동과 놀이, 자연에 대한 지식이 많아서 사람들이 안전하게 야외 활동을 즐길 수 있도록 도와주어요.

　야외는 실내와 달리 날씨가 덥거나 추울 수도 있고, 갑자기 비가 내릴 수도 있어요. 함께 활동을 하다가 혼자서 길을 헤매거나 다치는 사람이 생길 수도 있지요. 따라서 야외 활동 지도사는 예상하지 못한 상황이 생기더라도 빠르고 정확하게 판단하고 대처해야 해요.

미래에 인기가 많아질 직업이에요!

야외 활동 지도사가 되려면?

우리나라에는 야외 활동 지도사와 비슷한 직업으로 생활 스포츠 지도사가 있어요. 자신 있는 운동 종목을 정해서 시험을 치르고 일정한 시간 동안 연수를 받으면 생활 스포츠 지도사 국가 자격증을 딸 수 있지요. 자격증을 따면 학교나 체육관, 공공 기관 등에서 사람들에게 체육 활동을 지도할 수 있답니다.

더 알아보기

비슷한 직업
생활 스포츠 지도사, 스포츠 트레이너

지금부터 할 수 있는 일
다양한 야외 활동 경험하기

이런 사람에게 어울려요
야외 활동을 좋아하고 상황 판단 능력이 뛰어난 사람

좋은점, 힘든점
좋은 점 : 야외 활동을 하며 몸과 마음이 건강해져요.
힘든 점 : 위험한 일이 생기지 않게 늘 긴장해야 해요.

재능 기부 코디네이터

　재능 기부는 자기가 가진 재능을 사회를 위해 사용하는 것을 말해요. 예전에는 돈이나 먹을 것을 고아원이나 양로원 같은 곳에 기부했다면, 이제는 자기가 가진 재능을 기부하는 것이지요.

　꼭 특별한 재능이 필요한 것은 아니에요. 그림을 잘 그리는 사람이 그림을 가르쳐 주고, 의사가 자신의 의료 기술로 아픈 사람을 치료해 주는 것처럼, 어떤 재능이든 기부할 수 있어요.

　재능 기부 코디네이터는 재능 기부를 하는 사람과 재능 기부를 받는 사람을 연결해 주는 일을 해요. 재능을 기부하고 싶어도 방법을 모르는 사람이 많아서 재능 기부 코디네이터가 필요하답니다. 또 효과적인 재능 기부 프로그램을 만들어서 여러 사람들에게 도움을 주기도 해요.

미래에 인기가 많아질 직업이에요!

재능 기부 코디네이터가 되려면?

다른 사람을 돕는 일이기 때문에 봉사 정신이 강해야 해요. 여러 사람들과 의견을 나누고 협력하려면 의사소통 능력도 필요하지요. 평소에 재능 기부를 직접 실천해 보면서 재능 기부가 이루어지는 과정을 알아 두면 좋아요. 일본에는 각 분야의 전문가가 모여서 재능 기부 사업을 활발히 펼치는 회사도 있다고 해요.

더 알아보기

비슷한 직업
사회 복지사, 기금 모금 활동 전문가

지금부터 할 수 있는 일
내 재능을 다른 사람에게 기부하기

이런 사람에게 어울려요
사람들과 어울리는 것을 좋아하고 마음이 따뜻한 사람

좋은점, 힘든점
좋은 점 : 도움이 꼭 필요한 사람들을 도울 수 있어요.
힘든 점 : 프로그램을 만들고 알리는 등 많은 일을 해야 해요.

식품 융합 엔지니어

　지구에 사람이 점점 더 많아지면서 앞으로는 식량이 부족해질 수도 있다고 해요. 식품 융합 엔지니어는 식량이 부족해질 때를 대비해서 새로운 식품을 개발하고 연구하는 일을 해요.

　뿌리에는 감자가 열리고 가지에는 토마토가 열리는 '포마토'에 대해 들어 본 적 있나요? 하나의 식물을 땅에 심어서 뿌리와 열매를 모두 먹을 수 있으니 일석이조이지요. 이 '포마토'를 만든 사람이 바로 식품 융합 엔지니어랍니다. 포마토는 토마토와 감자의 유전자를 연구해서 만든 식품이에요. 이처럼 유전자를 연구해서 만든 식품을 GM 푸드라고 해요. 식품 융합 엔지니어는 영양이 풍부하고 안전한 식품을 개발하기 위해 GM 푸드를 연구해요. 안전한 먹을거리를 위해서 아주 중요한 일을 하는 전문가들이랍니다.

미래에 인기가 많아질 직업이에요!

식품 융합 엔지니어가 되려면?

사람들이 안전하게 먹을 수 있는 식품을 개발하는 일이기 때문에 책임감과 사명감이 필요해요. 대학에서 식품 영양학, 식품 공학, 식품 가공학, 식품 분석학 등 식품 과학과 관련된 공부를 하는 것이 좋아요. 그 외에 생명 공학, 생물학, 농학, 유전 공학 등 이과 계열 공부를 하는 것도 도움이 된답니다.

비슷한 직업
생명 과학 연구원, 유전 공학자

지금부터 할 수 있는 일
과학 공부 열심히 하기, 미래에 개발될 식품 상상하기

이런 사람에게 어울려요
탐구 정신이 강하고 창의력이 뛰어난 사람

좋은점, 힘든점
좋은 점 : 새로운 식품을 만들어서 사람들을 도울 수 있어요.
힘든 점 : 결과물이 나올 때까지 오랫동안 연구해야 해요.

스포츠 카운슬러

스포츠 카운슬러는 운동선수들이 운동을 더 잘할 수 있도록 상담을 통해 마음을 안정시켜 주는 사람이에요.

운동선수는 경기에서 좋은 성적을 얻어야 한다는 부담감 때문에 긴장을 많이 해요. 나쁜 성적을 얻으면 속상해하거나 운동을 포기하는 경우도 종종 있지요. 이때 필요한 사람이 스포츠 카운슬러예요. 스포츠 카운슬러는 성적이 떨어지거나 몸을 다친 운동선수들을 만나 이야기를 나누면서 선수들이 마음의 두려움과 불안감을 이겨낼 수 있도록 도와준답니다.

선수의 마음 상태는 축구나 야구, 수영, 골프 등 대부분의 운동경기 결과에 큰 영향을 미쳐요. 그래서 스포츠 카운슬러는 선수들이 긴장하지 않고 최고의 실력을 뽐낼 수 있도록 자신감을 심어 주지요.

미래에 인기가 많아질 직업이에요!

스포츠 카운슬러가 되려면?

다양한 스포츠를 좋아하고 운동선수에 관심이 많아야 해요. 운동선수들이 겪는 여러 가지 문제를 잘 상담해 주어야 하기 때문에 대학에서 체육·보건 관련 학문이나 심리학 등을 전공하면 도움이 돼요. 한국 스포츠 인재 개발원에서 스포츠 카운슬링 과정을 공부하면 스포츠 카운슬러 자격증을 딸 수 있어요.

더 알아보기

비슷한 직업
상담 전문가, 스포츠 에이전트

지금부터 할 수 있는 일
힘든 일이 있는 친구의 이야기 들어주기

이런 사람에게 어울려요
다른 사람을 이해하고 돕기 위해 노력하는 사람

좋은 점, 힘든 점
좋은 점 : 선수들이 두려움을 이기고 좋은 성적을 냈을 때 기뻐요.
힘든 점 : 선수가 불안감을 극복하지 못할 때 안타까워요.

나의 직업 알아보기 테스트

- **시작**: 정리 정돈을 잘한다.
- 차분하고 꼼꼼한 편이다.
- 백과사전을 읽는 것이 재미있다.
- 기계를 다루는 일에 소질이 있다.
- 숫자 계산을 잘한다.
- 블록 놀이나 퍼즐 맞추기를 좋아한다.
- 남의 눈길을 끄는 나만의 독특한 개성이 있다.
- 무언가 새로운 것을 만드는 일에 흥미가 있다.

YES →
NO →

직업 퀴즈

1. 아픈 사람들을 돌보거나 병을 고쳐 주는 직업이 아닌 것은 무엇인가요?

   ① 의사 ② 간호사 ③ 나무 의사

2. 머리카락을 예쁘게 자르거나 다듬어 주는 사람을 무엇이라고 부르나요? 빈칸에 알맞게 써 보세요.

3. 아이들에게 꿈과 희망을 주는 이야기를 만드는 사람은 누구인가요?

   ① 사진작가 ② 동화 작가 ③ 공연 기획자

4. 각 직업과 관계있는 것끼리 바르게 줄로 이으세요.

  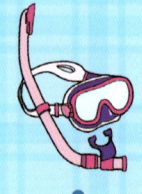

아쿠아리스트　　메이크업 아티스트　　슈가 크래프터

5. 빈칸에 알맞은 직업 이름을 써 보세요.

가로 열쇠

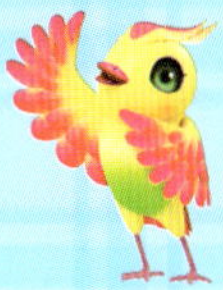

① 멜로디와 리듬에 자기의 생각과 감정을 담아 음악을 만들어요.

② 아픈 동물의 병을 고쳐 주고 필요하면 수술도 해요.

③ 어린이들이 재미있게 읽을 수 있는 이야기를 만들어요.

④ 어떤 문제가 생겼을 때 자세히 조사해서 문제 해결을 도와줘요.

세로 열쇠

① 공연장이나 콘서트 무대에서 음악에 맞추어 노래를 해요.

② 카메라로 사람이나 자연 풍경 등을 찍어요.

③ 여러 가지 재료로 음식을 맛있게 요리해요.

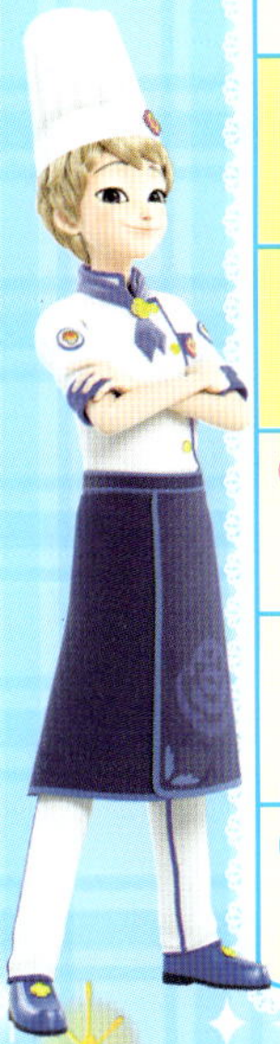

①		①			
		②		②	
③		③			
④					

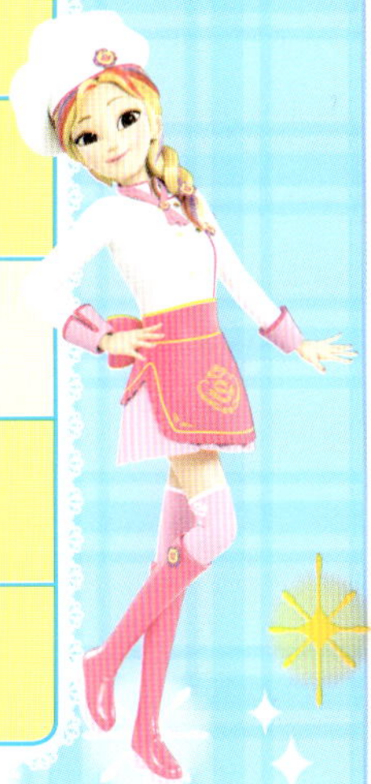

나의 미래 직업 예상해 보기

"나는 미래에 어떤 일을 하게 될까요?"

1. 내가 좋아하는 일을 세 가지 이상 써 보세요.

2. 내가 잘하는 일을 세 가지 이상 써 보세요.

3. 내가 갖고 싶은 직업은 무엇인가요? 두 가지 이상이어도 좋아요.

4. 그 직업을 갖고 싶은 이유는 무엇인가요?

5. 꿈을 이루기 위해서 나는 어떤 노력을 해야 할까요?

6. 열심히 노력해서 꿈을 이룬 미래의 나에게 편지를 써 보세요.